중국어권 한국어 학습자를 위한 상호문화교육 연구

중국어권
한국어 학습자를 위한
상호문화교육 연구

황나영 黃罗莹

역락

머리말

이 책은 저자가 2013년부터 서울대학교에서 석사학위논문으로 작성한 내용을 재수정한 것이다. 학생 시절 상호문화 주제에 대해 공부한 나의 사고들을 담은 이 글은 많은 허점과 부족한 점이 많다고 스스로 느끼고 오랫동안 정리되지 못한 생각들을 정리하는 단계에만 머물러 있었다. 그럼에도 10년이 지난 오늘에서야 이 글을 출판하기로 마음먹은 까닭은 저자가 박사 졸업 후 실제 한국어 교육 현장에서의 몸소 체험을 통해 상호문화교육의 필요성을 다시 한번 절실히 느꼈기 때문이다. 외국어를 배운다는 것은 새로운 문화와 접촉을 시작함을 의미하며 한국어 수업에서 중국인 학습자는 자신의 문화와 다른 문화를 경험하고 상호작용함으로써 언어 교육과 마찬가지로 중요한 것이 바로 문화 교육이었다. 많이 부족하지만 그래도 열정과 애착을 갖고 상호문화교육에 대해 공부한 것이 '중한 문화 간 의사소통'과 '한국전통문화' 수업을 준비하고 강의하는 데 큰 도움이 되었다.

이러한 교실 수업에서의 상호문화적 접근은 사람들 간의 만남에서도 적용이 된다. 한국어학과에 입학한 신입생들을 놓고 볼 때 그들이 마주하는 새로움은 한국어와 한국문화뿐만 아니라 대학과 반급이라는 새로운 집단 속에서 다양한 사람들과의 만남이기도 한다. 다른 성장 배경과 다양한 지리적 문화 차이에서 오는 생활 방식의 차이, 사고방식의 차이는 사람들 간의 갈등과 소통의 장애를 초래하기 십상이다. 저자는 21학번 담임을 맡으면서 생활 속에서 학생들에게 상호문화적 접근을 통합하도록 가르쳐 주었다. 타인에 대한 표상, 이질성과의 만남에 대한 자세와 다른 것에 좀 더 객관적인 관점을 취할 수 있도록 도움을 주었다. 또한 이런 접근은 학생들로 하여금 다른 사람과의 만남을 통해 자신을 알고 자신을 만들어가며 자신의 고유한 가치를 성찰하게 한다. 나는 교육의 기본적인 목표의 하나로 타인에 대한 개방성, 상이한 사고방식에 대한 이해와 존중의 태도를 기르는 것에 주안점을 두었다. 그리고 이러한 다름을 인정하고 받아들이는 자세는 외국어를 학습하면서 타문화에 대해 보다 개방적인 태도와 가치를 갖게 하는 데 긍정적인 작용을 했다.

오래전에 작성한 글을 보완하는 작업을 진행하면서 서울대학교에서 공부하던 보람차고 행복했던 시절이 떠오른다. 저에게 많은 가르침을 주신 지도교수님 윤여탁 교수님께 깊은 존경과 감사의 인사를 드리며 논문을 검토해주신 진가연 교수님께도 감사를 전하고 싶다. 박사 기간에 나에게 큰 힘과 도움을 주신 중앙민족대학교 김춘선 교수님을 비롯하여 조선언어문학학부의 은사님들께 진심으로 감사드리며 따뜻한 지지와 격려를 보내주신 연태대학교 한국어학과 선생님들께도 고개 숙여 감사드립니다. 이 기회를 빌어 항상 나를 사랑으로 감싸주고 곁에서 지켜주신 내 삶의 동반자인 남편 성경과 늘 믿어주고 넓은 배움의 길을 열어주신 부모님께도 감사의 마음을 전합니다. 아울러 이 책이 나오기까지 여러모로 애써주신 역락 출판사의 관계자들께 마음 깊이 감사드린다.

2023년 12월
연태(烟台)에서

차례

Ⅰ. 한국어 교육에서 상호문화교육의 필요성

1. 문화교육의 현황 및 과제

이 책은 한국어 문화교육에서 상호문화적[1] 접근의 필요성을 제기하고, 문학작품이 상호문화교육의 좋은 제재라는 관점에서 문학작품을 통한 상호문화 교수-학습 방안을 제시하며, 궁극적으로는 학습자의 상호문화능력을 향상시키는 것을 목적으로 삼는다.

외국어 교육에서 '의사소통능력' 개념의 도입은 목표 언어에 대한 형태적인 지식의 습득뿐만 아니라, 그 언어로 실제 사회적 상황에서 적절히 의사소통할 수 있는 능력을 배양하는 데 관심을 갖는 계기를 마련해 주었다. 다시 말해 타자와의 만남은 타자의 언어와의 만남일 뿐만 아니라, 타자가 속한 세계와의 만남이므로 언어활동 장에서 문화에 맞게 언어를 정확하게 이해하고 표현할 수 있는 능력과 문화의 차이를 인식하고 이를 바탕으로 언어생활

---

[1] 일반적으로 자주 사용되는 상호문화적 의사소통(Intercultural communication)이라는 개념은 문화 간 소통, 이문화 소통, 교차문화 간 소통, 간문화적 소통 등으로 다양하게 사용되고 있으나, 이 글에서는 서로 다른 문화 상호 간의 소통을 중요하게 생각하여 상호문화(intercultural)라는 용어를 사용하기로 한다.

을 영위할 수 있는 언어·문화교육과 문화 능력의 함양이 필요하다.

이에 한국어교육에서 문화교육의 그 중요성이 날로 부각되고 있는 것이 사실이다. 중국에서도 중한 양국 관계의 발전과 심화라는 거시적 차원의 변화,[2] 중국의 사회·경제발전을 위한 전인적(全人的) 인재에 대한 새로운 요청,[3] 외국어 교육에서의 문화교육에 대한 필요성 자각[4] 등으로 인해 외국어 교육의 큰 틀 아래에서 한국어교육에서도 한국 문화에 대해 높은 관심을 갖고 주목하고 있는 상황이다.

의사소통에 내재되어 있는 '상호적 관계'의 특성은 서로 다른 문화 체계에서 살고 있는 사람들이 만나서 소통하는 상황에서 핵심적 문제로 작용하기 때문에, 의사소통을 단지 정보를 주고받는 차원이 아닌 상대방과의 관계를 맺고 유지하는 상호문화적 의사소통으로 바라보아야 한다. 즉 문화는 지식으로서가 아니라 '문화적 맥락에 맞게 행동하는 능력'으로 학습되어야 하며, 의사소통의 요소들 중에서 문화마다 개별적인 것들의 차이를 인식하고 그러한 차이로 인해 의사소통의 실패를 유발하지 않도록 하는 것을 중요히 생각해야 한다.[5] 이에 상호문화능력은 문화 간 의사소통 상황에서 다른 문화를

---

2   1992년 한·중 수교 이후 중국에서의 한국어교육은 비약적인 발전을 가져왔다. 이는 두 나라의 교류가 빈번해지고, 특히 한국기업들이 중국으로 대거 진출함에 따라 중국에서 한국어 인재의 수요량이 급증함에서 기인한 것이라고 볼 수 있다.

3   중국에서의 한국어 교육은 정규적인 외국어교육과정으로 진행되고 있으며, 중국의 사회발전을 위한 인재 양성이라는 큰 틀 속에서 진행되고 있다. 이에 한국어교육은 학습자 개인의 성장이라는 목적 외에도, 중국의 경제사회 발전을 위한 '전인'(全人)교육, 즉 전문적인 능력과 우수한 성품을 두루 갖춘 외국어 인재 양성이라는 큰 목적을 갖고 있다.

4   중국에서 외국어교육이라면 영어를 대표적인 것으로 꼽을 수 있다. 외국어교육에서 『의사소통영어教程』이라는 교재의 출판은 문화교육의식의 보급에 커다란 역할을 하였다. 1970년대 말, 80년대 초부터 의사소통교수법이 중국으로 소개되면서 지금에 이르러 중국의 외국어교육에서도 의사소통능력의 향상에 목적을 두고 있다.

5   권오현, 「의사소통중심 외국어 교육에서의 '문화': 한국의 학교 외국어교육을 중심으로」, 『국어교육연구』 12집, 서울대학교 국어교육연구소, 2003, 64쪽.

바르게 판단하고 그 문화들 속에서 적절하고 효과적으로 대응하여 대화하고 상호작용할 수 있는 능력이므로, 목표언어의 의사소통능력 습득에 중점을 두는 언어교실에서는 상호문화적 의사소통능력 함양 차원의 문화교육이 필요하다. 즉 한국 문화교육의 목표를 모국어 문화와 목표 언어의 문화 간 차이를 바탕으로 상호 이해에 도달하는 제2의 정체성을 습득하는 데 두어야 한다.[6]

문화교육에 대한 접근 방식은 교육 목표나 유형에 따라 매우 다양하며 문화를 읽고 파악하는 학습자들의 관점은 교사가 제시하는 접근 방식의 영향을 많이 받는다. 접근 방식이 어떠하냐에 따라 그 문화를 올바르게 이해할 수 있느냐가 결정되기 때문에 어떠한 방식으로 문화를 교육하는 것은 한국어 교육 현장에서 매우 중요한 위치를 차지한다. 상호문화적 접근의 필요성은 기존 한국어 문화교육에 대한 비판으로부터 시작된다. 그동안 중국에서의 한국어 문화교육의 방식을 살펴보면 객관적 한국 문화 지식을 일방적으로 교육하는 방식으로 진행되는 것이 대부분이었다.[7] 이는 학습자들의 한국문화 지식이 공백 상태이거나 미흡하다는 가정하에서, 문화를 객관적이고 정확하게 전달하고자 하는 출발점에서 시작한 것이다. 하지만 이와 같은 '상호성'을 배제한 단일 문화교육 방식은 학습자로 하여금 문화적 상상력과 해석력을 제한시켜 문화에 대한 편협한 시각을 갖도록 하여, 자신의 문화에 대해 열등감 또는 자만감에 빠지게 하거나, 타문화의 객관적 장점을 무시하게 할 수 있다. 이는 실제 상호문화적 만남 상황에서 학습자들이 문화적 편견과 고정관념으로 인해 의사소통 장애를 겪게 한다. 특히 문화 간 만남은 문화변용

---

6   윤여탁, 「한국어 문화교육의 내용과 방법」, 『언어와 문화』 7-3, 한국언어문화교육학회, 2011.

7   학습자들의 설문지 답변을 살펴보면 대부분의 학습자들이 문화적 지식을 교사가 설명하는 방식으로 이루어진다고 하였다.

현상[8]을 경시할 수 없는데 서로 다른 문화가 그 상태에서 공존하는 것이 아니라 서로 변화해 나가는 가운데 서로 공통된 것들을 모색해 나가는 것이 필요하며, 이때 과정으로서의 문화변용이 상호문화적 논의의 핵심이다.[9]

이 책에서는 이러한 문제의식에서 출발하여 한국어 문화교육에서 상호문화적 접근 방식을 제기하고자 한다. 상호문화교육은 타문화와 자문화의 관계 속에서 문화적 다양성과 관용에 대한 의식을 함양하는 것이며 상호문화이해를 통해 자신의 문화와는 다른 문화와 소통할 수 있는 능력을 개발하는 학습 행위를 지칭한다. 상호문화성은 상이한 문화들이 존재한다는 것을 인정함과 동시에 이들 문화 간의 상호작용에 주목하는 개념이며, 이를 통해 문화 간 공유될 수 있는 지점을 창출하는 데까지 이른다는 것이다. 문화 간 상호작용과 상호주관성을 강조하는 상호문화교육은 학습자의 자문화와 타문화 사이의 적극적이고 능동적인 대화를 거쳐 타문화에 대한 이해의 폭을 확장시키며 상호 이해에 도달하게끔 하고, 더 나아가서는 새로운 문화적 정체성을 형성시키고 상호문화 소통능력을 향상시킬 수 있다는 점에서 그 교육적 의의가 크다고 할 수 있다.

한국어 문화교육에서 상호문화교육의 필요성이 제기되면서 제재와 수업 방식의 측면에서 상호문화교육을 어떻게 진행해야 하는가의 질문이 제기된다. 문학[10]은 문화를 이해하는 가장 중요한 수단 중의 하나이며 그 자체도

---

8 문화변용이란 상이한 문화를 가진 집단이나 개인이 하나 또는 두 집단의 고유한 문화 모형에서 일어나는 변화와 지속적으로 그리고 직접적으로 접촉한 결과 생기는 일련의 현상들이다. 상호문화 의사소통 상황에서 이러한 문화변용의 현상이 일어나기 마련이며 문화의 개방성과 역동성을 해명해준다.

9 Martine Abdallah Pretceille 지음, 장한업 역, 『유럽의 상호문화교육』, 한울, 2010, 21쪽.

10 현재 중국 대학의 한국어과에서 문화교육은 주로 '한국 개황'이나 '한국문화와 사회', '한국 전통문화'와 같은 이름으로 개설된 과목이나 '한국어 정독'을 비롯한 언어 수업을 통해 이루어지고 있고 고급 단계에 이르러서는 한국문학에 관련된 과목들이 압도적인 비중을 차지하고 있다.

문화의 하위 범주에 속한다. 문학은 문화적 풍성함(cultural enrichment),[11] 사회·문화 맥락 속에서 형성된 사회적 산물로서 문학교육을 하나의 문화적 실천태[12]로 바라볼 수 있다. 특히 상호문화적 의사소통 상황에서의 행위체계는 그 문화의 심층적 부분인 가치체계에 의해 규정되므로 상호문화교육에서는 타문화에 대한 심층적 탐구 학습이 이루어져야 하며 문학작품은 관념문화가 풍부하다는 점에서 상호문화교육의 좋은 제재로 활용할 수 있다.

상호문화성에서 '상호'는 두 가지 서로 다른 차원에서 설정되는데, 이때 문화적 배경이 다른 사람들의 삶의 이야기를 다루는 문학 텍스트와 독자가 만나는 상황에서 상호문화적 관계가 형성된다. 문학 텍스트가 자국 문화와는 낯선 문화 요소들을 담고 있다는 점에서 문학 텍스트는 타문화의 낯선 요소들과 의사소통하는 사회적 장치 중의 하나이다.[13] 상호문화성 관점에서 문학 이해를 낯선 문화에 대한 이해 과정으로 볼 때, 학습자는 문학 텍스트를 통해 문화 간 차이를 경험하고 자문화 중심 틀을 유연화하며 낯선 체험과의 대비를 통하여 문화의 다양성 인정과 함께 자신의 정체성을 형성해 나갈 수 있다. 또한 인간의 보편적 가치를 담고 있는 문학 텍스트는 '낯선' 문화와의 거리를 좁혀주며 문화의 중층성 측면에 주목하여 그 문화에 대한 비판을 통하여 문화 간 공통된 것을 모색해 나갈 수 있다. 특히 그 사회에 대한

---

11 J. Collie & S. Slater, *Literature in the Language Classroom: A Resource Book of Ideas and Activities*, Cambridge University Press, 1987, pp.3-6.

12 우한용, 「한국어 문화 교육론」, 서울대학교 한국어문학연구소 외 공편, 『한국어 교육의 이론과 실제』, 아카넷, 2012, 364쪽.

13 문학에는 다양한 층위의 낯섦이 형성되어 있다. 낯섦 이해는 현상에 대한 자동적 이해를 중지시킴으로써 인지의 감수성과 집중력을 키워주며, 낯선 현상을 고정된 관점이 아닌 열린 시각에서 생산적으로 수용하게 한다. 낯섦 이해로서의 문학 이해는 문제해결 능력으로서의 유연성, 낯선 것을 수용하고 견디어 내는 마음의 여유, 애매성에 대한 관용성 등을 높여준다. 권오현, 「상호문화적 문학교육에서 '낯섦 이해' 문제: 세계문학 교육과 관련하여」, 『독어교육』 제49집, 한국독어독문학교육학회, 2010, 33-34쪽.

비판을 담고 있다는 점에서 문학 텍스트는 상호문화교육에 적합하게 전형적인 모습들을 보여준다.

이러한 관점에서 출발하여 이 책에서는 한국어 교육에서 문학 교실을 학습자들이 한국문화를 체험할 수 있는 장으로 마련하여 문학작품을 통한 문화교육에서 학습자들의 상호문화교육의 양상을 살펴보고, 나아가 중국인 학습자의 특성에 맞는 상호문화능력을 향상시킬 수 있는 교육 방법을 제시하고자 한다.

2. 선행 연구 검토

언어교육과 문화는 불가분의 관계에 있다는 점에서 한국어 교육에서 문화교육에 대한 연구는 여러 시각에서 의미 있는 논의들을 진행해왔다. 문화교육의 현황과 과제, 필요성과 범위에 대한 논의로 박영순(1989; 2006), 김정숙(1997), 조항록(1998; 2002), 윤여탁(2002; 2007; 2011), 성기철(2001), 민현식(2004), 황인교(2006), 김종철(2005), 백봉자(2006), 강승혜 외(2010)[14] 등의 연

14　박영순, 「제2언어 교육으로서의 문화 교육」, 『이중언어학』 6, 이중언어학회, 1989.
　　박영순, 『한국어 교육을 위한 한국문화론』, 한림, 2006.
　　김정숙, 「한국어 숙달도 배양을 위한 한국 문화 교육 방안」, 『교육한글』 10, 한글학회, 1997.
　　조항록, 「한국어 고급 과정 학습자를 위한 한국 문화 교육 방안」, 『한국어 교육』 9-2, 국제한국어교육학회, 1998.
　　조항록, 「한국어 문화 교육론의 주요 쟁점과 과제」, 『21세기 한국어교육학의 현황과 과제』, 한국문화사, 2002.
　　윤여탁, 「한국어 문화 교수 학습론」, 『21세기 한국어 교육의 현황과 과제』, 한국문화사, 2002.
　　윤여탁, 『외국으로서의 한국문학교육』, 한국문화사, 2007.
　　윤여탁, 「한국어 문화교육의 내용과 방법」, 『언어와 문화』 7-3, 한국언어문화교육학회, 2011.

구물들이 있다. 이들 연구에서는 한국어교육에서의 문화교육에 대한 거시적인 접근을 통해 문화교육의 중요성과 필요성을 지적하면서 문화교육의 현황, 당위성 또는 방향을 설정해보려고 하였다. 이 책에서는 상호문화성 연구에 초점을 맞춰 연구사를 주로 외국에서 상호문화교육에 대해 논의한 연구, 한국에서 상호문화교육에 대해 논의한 연구, 문학작품을 통한 상호문화교육에 대해 논의한 연구, 이렇게 세 부분으로 나누어 살펴볼 것이다.

1) 외국에서 상호문화교육에 관한 연구

외국에서 상호문화교육은 1970년대와 80년대에 인류학과 사회학 분야에서 활발하게 이루어졌으며 근래에는 외국어 교육 분야에서 꾸준히 이루어지고 있다. 즉 영어뿐만 아니라 독어 교육, 불어 교육, 스페인어 교육과 한국어 교육에서도 각각 다른 상호문화 소통 능력이 중시되고 있다.

외국어 교육에서 적용한 연구를 보면 바이럼(Byram)은 외국어 학습에 있어 문화 간 의사소통능력과 그 하위 요소인 문화 간 능력의 중요성을 강조하며, 그것의 평가 방안과 문화 간 의사소통능력 모형을 제시하고 기술하였다.[15]

성기철, 「한국어교육과 문화교육」, 『한국어교육』 12-2, 국제한국어교육학회, 2001.
민현식, 「(한)국어 문화교육의 개념과 실천」, 『한국언어문화학』 1-1, 국제한국언어문화학회, 2004.
황인교, 「한국어 교육과 문화 교육」, 『외국어로서의 한국어교육』 31, 연세대한국어학당, 2006.
김종철, 「문화 교육의 과제와 발전 방향」, 『한국어교육론2』, 한국문화사, 2005.
백봉자, 「문화 교육 자료의 개발 방향」, 『외국어로서의 한국어교육』 제31집, 연세대학교 한국어학당, 2006.
강승혜 외, 『한국문화교육론』, 형설출판사, 2010.

15 M. Byram, *Teaching and Assessing Intercultural Communicative Competence*, Multilingual Matters, 1997.

상호문화교육은 주로 프랑스, 독일 등 유럽 지역에서 의해 중요시되고 연구되어 왔다. 마르틴 압달라-프렛세이(Martine Abdallah Pretceille)는 문화의 제 양상, 영미권의 다문화주의, 유럽의 상호문화주의를 살펴보고, 상호문화 교육이 이민자녀교육, 외국어교육, 학교교류, 시민교육 차원에서 어떻게 이루지고 있는지를 설명하고 있다. 또한 상호문화주의에 대한 이론적 배경, 상호문화적 모형, 방법론상 원리 등에 대해 설명하였다는 데서 의의가 있다.[16]

마달레나드 카를로(Maddalena De Carlo)는 교수자들의 경험과 성찰을 바탕으로 상호문화교육에서 널리 사용되는 '문화', '실제성', '고정관념', '정체성' 등 몇몇 개념들을 정리하면서, 교실에서 실행할 수 있는 상호문화적 활동을 제안하였다. 그는 상호문화학습을 자신에서 출발해 타인을 향해 나아간 다음 다시 변화된 자신으로 돌아오는 일종의 나선운동을 하는 문화능력 신장 모형을 가정해 보았다는 데서 의의가 있다.[17] 더 나아가 제니퍼 케르질과 즈느비에브 뱅소노(Jennifer Kerzil& Geneviève Vinsonneau)는 상호문화의 인식론적 조건들 및 상호문화교육의 개념과 문제점에 대해 살펴보면서 학교에서 상호문화를 실행하게 하는 원칙과 대안적 방법을 구상해보았다.[18] 로즈마리 샤브와 리오넬 파비에, 스와직 펠리시에(Rose-Marie Chaves& Lionel Favier& Soizic Pelissier)는 상호문화교육과 관련된 개념 소개와 이질성과의 만남, 차이의 수용을 용이하기 위해 교사들이 수업에서 구체적으로 실현할 수 있는 상호문화 활동 방법을 다양하게 제시했다는 점에서 유용한 참고 지침서이다.

---

16   Martine Abdallah Pretceille, 앞의 책.
17   Maddalena De Carlo 지음, 장한업 역, 『상호문화 이해하기』, 한울, 2011.
18   Jennifer Kerzil·Geneviève Vinsonneau 지음, 장한업 역, 『상호문화: 학교의 원칙과 현실』, 교육과학사, 2013.

2) 한국에서의 상호문화교육에 관한 연구

한국에서 외국어 교육 분야를 보면 권오현(1996)은 문화를 외국어 교육의
체계와 실상에 효과적으로 접목시키려는 노력이 부족하다는 것을 인식하고,
문화는 모국어로 전달되는 지식의 영역이 아니라 실제적 의사소통능력을
신장시키는 데 도움이 되어야 함을 강조하였다. 또한 문화차이가 있는 경우
에 의사소통이 실패할 가능성은 언제나 존재하므로 의사소통의 본질이 상호
성, 존중, 이해에 있음을 인정하고, 문화 간 커뮤니케이션에서의 <행태 연구>
뿐만 아니라 <관용성 연구>도 필요성을 언급하였다.[19] 이는 문화교육에서
상호문화적 관점 도입에 적극적인 관심을 둘 필요가 있다는 주장이라는 점에
서 의의가 있다.

또한 김순임(2005)은 상호문화능력을 어떻게 이해하고 수용하는가, 또 이
해하는 관점은 무엇인지, 그 개념들에서 전제된 중요한 특징 또는 요소들에
대해 알아봄으로써 문화 간 소통 교육을 이해하는 토대를 마련하고, 더 나아
가 훈련 프로그램을 만드는 데 기여하고자 하였다. 이는 상호문화능력에서
상호문화와 상호문화능력의 개념과 특징, 요소들에 대해 깊은 논의가 이루어
졌다는 데서 의미를 지닌다.[20]

문화교육에서 상호문화교육에 대한 연구는 한국어 교육에서도 이루어져
왔다. 황인교(2006)[21]는 외국어 교수 이론의 변화를 살피면서 이제는 외국어
를 배우는 데 모국어 화자와 같은 능력의 숙달이 추구되기보다는 "언어 사용

---

19   권오현, 「간문화적 커뮤니케이션으로서의 외국어교육」, 『독어교육』 14집, 한국독어독문학
       교육학회, 1996.
20   김순임, 「이문화간 의사소통 능력의 개념에 대한 고찰」, 『독일언어문학』 29집, 한국독일언
       어문학회, 2005, 97-129쪽.
21   황인교, 2006, 앞의 글.

자인 인간으로서 외국어 구사자로서의 정체성을 지니고 그 언어 사용 사회와 문화를 만나고 향유할 수 있는 능력의 습득이 중요"해졌다고 밝혔다. 또한 상호문화능력의 습득과 비교문화적인 시각이 한국어 문화교육의 나아갈 방향이라고 지적하였다.

김옥선(2007)[22]은 외국어교육에서의 문화교육에 관한 최근 동향을 살펴보고 이를 한국어 교육에 적용할 수 있는 방안을 모색하고자 하였다. 이 연구에서는 교재를 통한 언어수업에서의 상호문화학습과 좀 더 명시적으로 문화학습에 초점을 맞추는 방법으로 상호문화학습이 한국어 교육에서 어떻게 구현될 수 있는지를 제시하였는데, 한국어 교육에서 상호문화 교육의 방법을 모색하였다는 데서 의의를 지니고 있다.

윤여탁(2011)에서도 한국어 문화교육의 현황과 내용을 살펴보고 통합적인 교수-학습의 특성을 가지고 있는 한국 문화교육의 지향점을 확인하고자 하였다. 또한 한국 문화교육의 목표를 모어 문화와 목표 언어의 문화 간 차이를 바탕으로 하여 상호 이해에 도달하는 제2의 정체성을 습득하는 데 두어야 한다고 밝혔다. 이 외에도 이 타찌야나(2012)[23]는 한국어 교육에서 러시아권 한국어 학습자를 위한 비즈니스 맥락의 간문화적 의사소통 능력 향상을 위한 문화교육 방안을 마련하는 것을 목표로 하면서 비즈니스 맥락의 한국어 문화교육의 목표와 방법을 제시하였다.

강현주(2018)[24]는 상호문화능력을 함양할 수 있도록 하는 핵심 능력을 '교육 기술'임을 도출하고 이를 교육하는 방법으로 자문화를 낯설게 보는 연습

22 김옥선, 「한국어교육에서 상호문화학습의 실천」, 『언어와 문화』 3-2, 한국언어문화교육학회, 2007, 181-202쪽.

23 이 타찌야나, 「러시아권 학습자를 위한 한국어 문화교육 연구─비지니스 맥락의 간문화적 의사소통을 중심으로」, 서울대학교 석사학위논문, 2012.

24 강현주, 「한국어 교사의 상호문화 능력 함양을 위한 문화 교육 현황과 개선 방안」, 『Journal of Korean Culture』 43집, 한국어문학국제학술포럼, 2018.

과 타문화를 해석하고 수용하는 태도, 그리고 문화 간 차이로 인한 문제 상황에 대한 사례 연구 방법을 제안하였다.

3) 문학작품을 활용한 상호문화교육에 관한 연구

김정용(2011)[25]은 상호문화적 외국어 교육은 기존 의사소통적 외국어 교육이 추구하는 실용적 차원의 외국어 학습 효과를 넘어서 공감과 시각변화 그리고 타자, 타문화와 자아, 고유문화 사이의 상호문화적 이해라는 학습 효과를 목표로 해야 하며, 이때 문학작품을 통해 학습한 시각변화, 타문화 인정 등은 실제 문화 간 소통에서 작용할 수 있기 때문에 문학작품을 활용하여 상호문화능력을 향상시킬 수 있다고 지적하였다.

한편, 손예희(2005)[26]는 한국어 교육에서 '상호문화적 이해'의 문제를 중심으로 한국 문화와 자국 문화를 비교하면서 인식하고 이해하게 하는 것을 한국어 교육의 목적으로 삼아, 시의 이미지를 활용하여 한국어를 교육할 수 있는 방안을 연구하였다. 이 연구는 한국어 교육에서 상호문화적 중요성을 인식하여 한국어 소통 능력 향상에 기여할 수 있는 한국어 교육의 한 방법을 제시하였다는 점에서 그 의의를 찾을 수 있다.

변지윤(2011)[27]은 한국인의 문화와 정서적 의식이 나타나 있는 판소리계 소설 중 하나인 <흥부전>을 중심으로, 그것을 미국 소설 <왕자와 거지>와 비교해 문화 간 의사소통능력 이론에 적용하여 살펴보았고, 이러한 분석

---

25   김정용, 「문학작품을 활용한 상호문화적 외국어 교육」, 『독어교육』 51집, 한국독어독문학
     교육학회, 2011.
26   손예희, 「외국인을 위한 한국 현대시 교육 연구: 이미지를 중심으로」, 서울대학교 석사학위
     논문, 2005.
27   변지윤, 「문화 간 의사소통능력 활성화를 위한 <흥부전> 교육 연구」, 서울대학교 석사학위
     논문, 2011.

내용을 바탕으로 문화 간 의사소통 능력을 활성화할 수 있도록 하는 소설 교육 방안을 마련했다는 데 의의가 있다. 또한 황티장(2013)[28]은 베트남 고급 학습자를 대상으로 하여 간문화적 의사소통 능력을 중심으로 한 보다 효과적인 소설 읽기 교육 방법을 설계하였다. 이 연구가 궁극적으로는 문학 읽기를 통하여 간문화적 의사소통능력을 향상시키는 것을 목적으로 삼았다는 점에서 본 연구와 맥을 같이 한다. 김정우(2020)[29]는 상호문화적 관점을 바탕으로 중국인 학습자를 위한 한국 문화교육에서 이루어지는 문학 번역과 해석 경험의 의미를 살펴보았다. 한국과 중국의 문학 작품 번역 비교를 통해 한국과 중국 두 나라 문화의 유사점과 차이점을 확인하고 외국어 교육에서 문화교육은 타문화를 통해 자신을 성찰하고 변화시키는 측면에 주목해야 한다고 지적하며 상호문화적 대화와 해석의 필요성을 강조하였다.

이상의 연구사 검토를 간략히 요약하면 다음과 같다. 외국어교육에서 문화교육의 최근 동향인 상호문화교육의 필요성, 개념, 의의, 한국어 교사의 상호문화능력 등 방면에 대한 논의는 충분히 이루어지고 있으며 나아가서 문학작품과 상호문화학습을 연결시켜 한국어 교육에서 문화교육을 시도하는 일련의 연구 성과도 있었다. 하지만 상호문화교육에서 학습자 중심으로 접근하여 이해하는 양상이 부족하여 학습자들에게서 보이는 문제점을 밝히지 못한 점, 한국어 수업 현장에서 어떻게 활용할 것인가에 대한 구체적이고 심층적이고 실제적인 자료를 다루지 못한 점이 과제로 남아 있다. 또한 중국에서 상호문화교육의 필요성에 비해 상대적으로 중국인 학습자를 대상으로 한 상호문화교육 연구가 미진하였다는 문제점이 존재한다. 따라서 이 책에서는

---

28 황티장, 「베트남인 학습자를 위한 한국어 소설 교육 연구-간문화적 의사소통을 중심으로」, 서울대학교 석사학위논문, 2013.

29 김정우, 「상호문화적 관점에서 본 한국문화교육의 방향-문학작품 번역과 해석의 경험을 중심으로」, 『한중인문학연구』 68집, 한중인문학회, 2020.

선행 연구들의 성과와 부분적 한계를 발판으로 삼아 중국인 학습자를 대상으로 상호문화적 접근의 양상과 문제점을 살펴보고 문학작품을 활용한 상호문화교육의 구체적인 학습 방안을 마련하였다.

3. 연구 방법 및 대상

이 연구에서는 문학을 통한 문화 수업에서 학습자들의 상호문화이해 양상에 주목하여 학습자들의 상호문화적 접근과정을 설문지, 수업대화전사, 심층면담, 감상일지, 감상문 등 자료 분석을 통해 살펴보고, 이를 근거로 구체적인 문학작품을 활용한 상호문화교육 방안을 마련하고자 한다.

앞서 살펴본 바와 같이 문학을 통한 문화교육에서 상호문화적 접근은 교실에서 문화를 경험으로 체득되어 실천으로 구현되는 과정이고, 학습자의 문화와 한국 문화가 상호작용하는 과정이며 내면화를 통해 타문화를 습득하는 과정이다. 상호문화적 접근에서는 학습자가 자국 문화의 관점에서 목표문화를 어떻게 인지하고 이해하고 받아들이는지, 그리고 목표문화의 관점에서 자국 문화를 어떻게 인지하고 이해하고 받아들이는지, 두 문화가 만나서 어떻게 서로 상호작용하는지 등에 대해 탐구하는 방향으로 나아가게 된다.

따라서 이 책에서는 상호문화접근의 과정을 살펴보기 위하여 수업을 통하여 연구자와 학습자가 상호작용하면서 학습자들의 생각을 자유롭게 표현하도록 요구하는 동시에 연구자는 절차화된 실험 방식을 통하여 과정 양상을 살펴보고자 하였다.

우선 학습자들에게 문학작품을 제시하여 학습자로 하여금 스스로 작품을 읽고 작품의 대체적인 의미를 파악하게 하고 이해하지 못한 부분이나 이해한 점에 대한 자신의 생각을 자유롭게 표현하도록 한다. 문학작품을 이해하지 못하면 문화이해에 도달할 수 없기 때문에 상호문화이해에 초점을 맞추기 위해서 교사와 함께 문학작품에 대한 이해에 도달할 수 있도록 하였다. 작품 읽기의 용이성을 위하여 연구자는 문맥에서 유추할 수 없는 어휘에 주석을 달아 설명해주었다. 연구자는 학습자들로 하여금 스스로 문화요소를 찾아내게 하고 교사는 질문을 통하여 학습자들의 생각을 유도하고 스키마를 활성화하여 자국 문화와 비교하고 깊이 있게 탐구할 수 있도록 도와주었다. 또한 수업 중에 단계별로 감상일지를 사용하여 학습자들의 생각과 관점을 적도록 하였다. 마지막으로 감상문을 작성하게 함으로써 학습자들의 수용 양상을 살펴보았고 심층면담을 통하여 연구자가 의문되는 점에 대해 추가적인 질문을 하였다.

수업에서 연구자의 질문과 감상일지의 큰 틀은 모란(Moran)[30]의 문화경험 학습에서 제시한 교사의 질문을 바탕으로 몇 가지 개방적인 질문을 사용하였고 작품에 따라 세부적인 질문은 조정하였다. 질문의 큰 틀은 다음과 같다.

1단계 기술	이 작품의 내용을 구체적으로 기술해 보세요. 작품 속에 제시되는 문화적 요소는 무엇인가? 어느 부분은 이해하지 못하였는가? 중국문화와 어떠한 공통점(차이점)이 있는가.
2단계 해석	이 문학작품에 드러나는 한국인의 태도, 가치, 인식은 무엇인가? 이러한 문화현상에 대한 자신의 주장과 생각은 무엇인가? 중국문화와 비교하여 이 문화현상에 대해 어떻게 생각하는가? 이러한 태도, 가치, 신념, 인식은 자신이 알고 있는 다른 문화와 어떻게 다른가?
3단계 반응	이번 수업을 통하여 한국 문화에 대해 새로 인식되고 배운 점이 무엇인가? 이러한 문화현상에 대한 자신의 생각, 감정, 의견은 무엇인가?

---

30   P. R. Moran 지음, 정동빈 외 옮김, 『문화교육』, 경문사, 2004.

이 문화현상의 문화적 가치, 신념, 태도, 인식을 공유하고 있는가?
이 문화현상에 관련된 개인의 경험을 기술하라.

이와 같은 논의를 바탕으로 본 연구에서는 2013년 5월에 한국에 있는 고급학습자 6명을 대상으로 본 실험에 앞서 예비실험을 진행하였으며 본 실험을 위한 방법론을 구체화하는 데 목적을 두었다. 본 실험은 2013년 7월에 산둥성 S대학교[31] 3학년 학습자 20명을 대상으로 총 8회의 수업을 거쳐 진행하였다. 자료 수집은 크게 설문지, 수업대화전사, 심층면담, 감상일지, 감상문을 통해 이루어졌다.[32] 구체적인 실험 정보는 다음 표와 같다.

	일시	수업시간	대상	비고
예비 실험	2013년 5월	2회, 매회 90분	고급학습자 5명 작품: <진달래꽃>,[33] <고향>, <빈처>	수업녹음 150여 분 쓰기결과물 15부 심층면담 30여 분
본 실험	2013년 7월	8회, 매회 90분	3학년 학습자20명 작품: <고향>, <빈처>, <우리 들의 일그러진 영웅>, <농무>	수업녹음 720여 분 쓰기결과물 80부 심층면담 300여 분
검증 실험	2013년 12월	3회, 매회 80분	3학년 학습자 8명 작품: <고향>, <빈처>, <농무>	수업녹음 240분 쓰기결과물 24부 심층면담 100분
설문 조사	2013년 6월, 7월		길림성 Y대학 3학년 학습자 27명 산둥성 S대학 3학년 학습자 32명	유효설문지 60부

---

31 학교 이름은 정보 보호 차원 상 익명으로 처리하였다.

32 수업대화(CC), 감상일지(AD), 면담(FI), 감상문(CD), 중국어를 번역한 부분(TC)로 약호화하였다. 자료전사의 기호는 【조사 방법-작품-학습자】로 표기하였다.

33 <진달래꽃>은 예비실험에서의 실험텍스트로만 활용하였다. 본 실험에서 제외한 이유는 3학년 학습자들은 이미 <진달래꽃>을 배워 높은 수준의 문화의 이해에 도달하였기 때문이다.

본 연구는 중국인 고급 학습자를 대상으로 하였다. 고급 학습자인 경우 초, 중급 단계의 학습을 통하여 일정한 양의 어휘지식, 문법지식을 갖추었기에 목표어로 의사소통이 가능하고, 한국의 사회·문화에 대한 지식을 어느 정도 갖추고 있기 때문에 능동적인 문학 텍스트 읽기와 문화 이해가 가능하다. 또한 고급 학습자인 경우 문학텍스트에 내재된 직접 추출하여 가르칠 수 있는 표면적인 문화적 요소에 대한 이해를 넘어 문화 간 의사소통에서 크게 작용하는 한국의 관념문화에 대한 습득이 필요하며, 나아가 문화적 충격을 경험하고 상대 문화를 받아들일 이해와 수용의 차원이 필요하기 때문이다.

또한 이 책에서는 상호문화교육을 목적으로 한 문학작품 선정 기준을 학습자 요인과 텍스트 요인을 결합시켜 설정하고자 하였다. 학습자 요인을 검토하기 위해 학습자의 문학작품과 문화에 대한 요구 조사를 진행하였다.[34] 학습자의 문화와 문학에 대한 요구도 분석 결과를 보면 한국 문화의 어떤 요소를 배우고 싶은가라는 질문에 많은 학습자들은 한국인의 관념문화(52%)에 대해 관심을 가졌다. 이어서 일상생활문화(40%)와 한국의 정치·사회문화(37%)에도 비교적 많은 관심을 보였다. 문학을 통하여 어떤 문화를 배우고 싶은가라는 질문에 관념문화와 정치·사회문화에 대한 응답이 제일 높았다. 또한 대부분의 학습자들이 전통문화를 배운 경험은 많으나 현대문화에 대해 익숙하지 않기 때문에 문학작품 선정에 있어서 현대문학을 접해보고 싶다는 의향을 보였다.

---

34 콜리와 슬레이터는 문학텍스트의 적합성 기준으로 학습자의 요구, 흥미, 문화적 배경, 언어 수준을 들면서 가장 중요한 것은 문학작품이 학습자의 흥미를 불러일으키고 그들로부터 강력하고 적극적인 반응을 유발시킴으로써, 개인적인 참여를 자극할 수 있는가 하는 점이라고 하였다. 따라서 학습자들이 어떠한 문학작품과 문화에 대해 관심을 가지는지에 대해 알아보고자 한다. J. Collie & S. Slater, 1987, 앞의 책.

텍스트적인 측면에서는 상호문화교육에 초점을 맞추어 첫째, 인류의 보편적 정서와 문화를 반영할 수 있는 동시에 한국 문화의 특성을 반영할 수 있는 작품을 선정해야 한다. 이에 관념문화가 풍부한 작품을 선정할 필요가 있는데 상호문화 소통에서 크게 작용하는 것이 관념문화일 뿐만 아니라 한국 문화를 특징 지어줄 수 있는 것이 가치 기준[35]이기 때문이다.[36] 둘째, 목표문화와 자국 문화의 차이점과 공통점이 잘 드러나는 작품을 선정해야 한다. 셋째, 갈등이 있고 다양한 해석이 가능하고, 한 민족이나 사회집단의 행동을 긍정적으로 또는 부정적으로 표현하는 것이 나와야 하며 문화적 사물 자체만이 아니라 문화적 행동이 담겨져 있는 작품을 선정해야 한다.[37] 넷째, 언어적 이탈이 비교적 적고 한국 문학사에서 문학사적 가치를 지니고 한국인에게 보편적으로 잘 알려진 문학작품을 선정해야 한다.

이러한 학습자 요인과 텍스트 요인의 기준으로 이 책에서는 백석의 <고향>, 신경림의 <농무>, 이문열의 <우리들의 일그러진 영웅>, 은희경의 <빈처> 등 총 4편의 시와 소설[38]을 실험 텍스트로 선정하였다. 작품 선정의

---

35 문화라는 것이 매우 추상적이고 역동적이어서 한국인의 문화는 단선적으로 정의할 사 항이 아니므로 문화 분류에 접근하는 방법 중의 하나인 가치성을 기준l으로 살피는 것이 보다 효과적일 듯하다. 권오경, 「한국어교육에서의 한국문화교육의 방향」, 『어문론총』 45호, 한국문학언어학회, 2006.

36 홉스테드(Hofstede)의 세계 국가 문화를 구별하는 4가지 기준 즉 권력거리에 따른 권위주의와 평등주의, 집단주의 대 개인주의, 여성성 대 남성성, 불확실성의 회피 차원을 준거로 한국문화의 특질을 타문화와 비교할 수 있다. 이 분류가 절대적이라고는 볼 수 없겠지만 그래도 개별문화의 이해에 중요한 시사점을 가져다준다.

37 마달레나드 카를로는 상호문화교육에서 학습자들에게 제시할 텍스트는 아래와 같아야 하며 문학텍스트는 이런 기준을 만족시킨다고 하였다. ① 갈등이 있고 모순적이고 예상하지 못한, 그래서 다양한 해석이 가능한 상황을 보여주어야 한다. ② 저자, 독자, 텍스트의 등장인물들이 동일한 사회현상을 보는 '엇갈린 시선'과 함께, 놀라움을 야기할 수 있는 '거리를 둔 시선'을 부각시키는 여러 가지 관점을 포함하고 있어야 한다. ③ 한 민족이나 사회집단의 행동을 긍정적으로 또는 부정적으로 표현하는 언어 표현이 나와 있어야 한다. ④ 문화적 사물 자체만이 아니라 그 사물의 사용에도 관심을 끌 수 있어야 한다.

원인은 다음과 같다.

1. 백석의 <고향>은 1930년대 일제침략시기를 사회적 배경으로 인류의
   보편적인 정서인 향수, 한국의 가족애와 지역 공동체 의식, 한국의 집단
   문화를 이해할 수 있다. 또한 작품 속의 향수 정서, 지역 공동체 정서는
   중국 문화와 공통점이 많이 존재한다.
2. 이문열의 <우리들의 일그러진 영웅>은[39] 1950년대를 배경으로 한국의
   근대화와 민주화 과정의 역사와 정치 상황, 한국의 조직문화와 권위주
   의 문화 등을 이해할 수 있다. 이 소설은 한국 사회집단의 행동이 잘
   드러나면서 부정적인 표현이 잘 드러나 있다.
3. 신경림의 <농무>[40]는 1970년대 산업화를 사회적 배경으로 한국의 전통
   적인 농무, 신명문화와 한의 정서를 다루고 있다. 이 시는 한국의 농무라
   는 전통문화가 신명, 한이라는 한국의 정서를 다룸으로서 중국 문화와
   의 차이점이 잘 부각된 작품이다.

---

[38] 소설과 시 등과 같은 다양한 문학작품을 수용하여 가르치고자 할 때 가장 문제가 되는
것은 방대한 텍스트의 양, 어렵고 난해한 단어나 표현, 상징 등일 것이다. 학습자의 부담감
을 줄이고 수업에서 교육효과를 극대화하기 위하여 학습자에게 문학텍스트를 제시할 경우
에 텍스트 수정 작업이 선행되어야 한다. 작품의 길이가 긴 소설 등을 제시할 경우에는
보통 '발췌'의 방법을 사용할 수 있다. Marckwardt(1981)도 발췌된 문학텍스트는 어느 정
도 텍스트 내의 결합력을 유지하고 있으므로 요약된 텍스트보다 적절한 교재로 평가할
수 있다며 발췌한 텍스트를 사용할 것을 권했다. Collie & Slater(1987)는 수업의 다양한
활동을 위해 발췌의 방법을 권했다. 윤영, 「한국어 초급 학습자를 위한 문학 교육 연구」,
『한국어 교육』 23-3, 국제한국어교육학회, 2012, 217쪽.

[39] 소설 <우리들의 일그러진 영웅>은 선후 3차례 중국어로 번역된 바가 있어 중국의 한국어
문화교육에서도 충분히 다룰 가치가 있는 작품이라 본다.

[40] 신경림 시인의 <농무>는 민중시의 대표작으로 국어 교과서에 실린 작품이다. 이 시는 농악
을 소재로 하는 농촌시로 농민들의 한과 비장미를 생동감 있게 그려내고 있다. 소박하고
여과 없는 표현으로 시적 상황을 현실로 구체화시키고 있는 신경림 시인의 이 시는 가장
한국적인 소재와 가장 한국적인 정서로 일궈 낸, 가장 한국적인 서정시로 평가 받고 있다.

4. 은희경의 <빈처>[41]에는 1990년대를 배경으로 한 한국의 남성중심문화, 술문화, 산업화사회문화 등이 담겨져 있다. 또한 아내와 남편을 중심으로 갈등과 모순이 잘 드러나며 다양한 해석이 가능한 상황을 잘 보여준다.

다음은 문학작품 속 문화요소를 산물, 행동, 관념 등 세 가지로[42] 분류하여 제시한 내용이다.

문화요소 문학작품	산물	행동	관념
고향	북관, 여래, 관공, 평안도 정주, 한즉 등 사투리	문득 물어 고향이 어디냐 한다. 말없이 팔을 잡아 맥을 본다.	한국의 가족애, 지역공동체 의식, 향수 정서, 한국의 정, 집단주의
농무	농무, 소줏집, 징, 꽹과리, 꺽정이, 서림, 쇠전, 도수장, 조무래기, 처녀애	한 다리를 들고 날라리를 불이거나, 고갯짓을 하고 어깨를 흔들이거나	신명문화, 한, 흥. 1970년대 산업화 제도

---

41 은희경의 <빈처>는 도서출판 아시아에서 기획한 『바이링궐 에디션 한국 현대 소설』을 기획하여 한국의 우수한 문학을 주제별로 엄선해 국내외 독자들에게 소개하는데 선정되었다. 이는 <빈처>를 비롯한 총 15편의 문학작품을 통해 아시아의 정체성과 가치를 살피고 한국인의 삶을 넓고 깊게 이해하는 데 기획의 목적을 두고 있다.

42 이는 토말린과 스템플레스키의 산물, 행위, 관념 등 3가지 구성 범위로 문화를 분류한 것을 따른 것이다. B. Tomalin·S. Stempleski 지음, 임영빈 외 역, 『문화의 이해로 가르치는 영어』, 이퍼블릭, 2006.

		양육문제(아이들 돌봄), 가사일, 남편의 무뚝뚝한 태도. 매일 술을 마셨고 자정이나 새벽에 들어옴, 술과 사회생활	
빈처	아줌마, 마누라, 간 큰 남자, 소줏집, 생맥줏집, 포장마차, 술자리, 애인	양육문제(아이들 돌봄), 가사일, 남편의 무뚝뚝한 태도. 매일 술을 마셨고 자정이나 새벽에 들어옴, 술과 사회생활	남성중심문화, 술문화, 1990년대 물질사회
우리들의 일그러진 영웅	급장, 미화부장, 체육부장, 부급장, 주번, 교칙위반, 힘, 복종, 저항, 폭력, 굴복, 서열, 따돌림	집단의 권위에 복종과 저항, 평등에 대한 갈망, 독재정권 몰락 한병태 왕따, 엄석대 왕따	권위주의 (학교조직문화와 정치·사회문화), 일원주의, 4.19와 민주화

Ⅱ. 한국어 문화교육에서 상호문화교육의 이론적 배경

중국인 학습자들을 위한 한국어 상호문화교육의 양상을 분석하고 체계화하기 위해서는 상호문화교육의 몇 가지 측면에 대한 전제적 검토가 요구된다. 이와 관련하여 이 장에서는 상호문화접근의 개념과 성격, 과정을 명확히하고, 한국어 문화교육에서 상호문화교육의 의의에 대해서도 고찰해 보고자한다.

1. 한국어 문화교육에서 상호문화적 접근

1) 상호문화성의 개념과 성격

(1) 상호문화성의 개념

상호문화교육에 대해 논의하기 위해서는 우선 문화의 개념을 다시 살펴볼필요가 있다. 문화의 범위는 매우 넓고 성격이 복합적이고 모호하기 때문에문화라는 개념에 대해 정확한 정의를 내리기가 쉽지 않다. 문화의 사전적인의미는 그 사회의 구성원에 의하여 습득, 전달되는 행동양식, 생활양식, 물질적, 정신적 소득을 통틀어 지칭하는 말이다. 문화가 초반에는 주로 한 국가나 민족이 이룬 위대한 성취를 가리키는 것으로부터 나중에는 '한 공동체의 생활방식'이라는 기존의 위대한 성취 외에 일상생활 모두와 관련된 문화로 구체화되었다.[1]

상호문화 의사소통에서 문화개념은 보다 확대된 개념으로 정의되고 있다.[2] 일찍이 인류학자 에드워드 타일러(Edward B. Tylor)는 문화를 '지식, 신념, 예술, 도덕, 법률, 관습뿐만 아니라 사회의 한 구성원으로서 인간이 획득한 다른 능력이나 관습을 포함한 복합적 총체'라고 정의한 바 있다.[3] 그 이후 문화인류학에서는 문화개념을 새롭게 정의하려는 수많은 시도들이 있었는데, 공통적으로 인간의 행위를 조종하고 평가하는 규범이라고 정의하였다.

상호문화적 상황이 '상이한 문화권에서 온 개인, 집단, 관습이 서로 만나고 서로 작용하는 상황'일 때 상호문화성 개념은 필연적으로 문화를 인류학적 관점에서 바라보게 한다. 여기서 문화는 '주어진 집단이 세계와 맺는 특수한 관계'이고, 여기에는 집단이 전수하는 규범, 가치, 생활양식, 의례, 언어가 포함되는데, 이것들은 집단의 문화적 정체성을 형성하는 것이다. 달리 말하자면, 여기서 문화는 '세계관'으로서의 문화, 한 집단에 주어진 특별한 의미 세계, 그 집단이 사물에 부여하는 의미, 그 집단이 따르고, 그 집단을 위치시키고, 다른 집단들이 그 집단을 어떤 문화 공동체에 위치시키도록 하는 신념

---

1 브룩스(Brooks, 1975)는 이 두 가지 문화를 각각 대문화와 소문화라 하였는데, 공식적인 문화를 Big C 즉 예술, 문학, 미술, 음악 등과 같은 제도적인 부분을 일컬었고, 생활방식에 나타나는 문화를 Little C 즉 보다 비가시적인 것, 예컨대 행위, 행위를 통제하는 규칙, 행동 양식 등을 지칭하였다.

2 토말린과 스템플래스키(Tomalin·Stempleski)는 문화 간 상호작용에 관한 학습이 강조되면서 'Little c'의 범위는 넓어져서 문화적 행동을 통해서 표현되는 문화적으로 영향 받은 신념이나 인식까지 포함되었다고 하였다.

3 한상복 외, 『문화인류학』, 서울대학교출판문화원, 2011.

인 것이다.[4]

문화를 질서나 체계로 보는 관점[5]은 그것을 행동이나 의사소통[6]으로 보는 관점으로 이어진다. 개인은 더 이상 단순히 문화의 산물이 아니라 다양한 전략을 활용하여 필요한 상황에 맞게 문화를 만들고 다듬는다.[7] 그렇다면 진정한 의미의 의사소통은 언어 사용과 더불어 문화적 맥락에 맞게 행동할 수 있을 때 가능하므로, 문화는 '지식'이 아니라 '능력'의 관점에서 접근해야 한다.

즉 상호문화에서 문화는 한 사회에 속하는 인간의 삶을 형성하는 보편적 사고 및 행동 방식과 체제를 아우르는 확대된 개념이며, 이것은 역동성, 상대성, 상호행위성 등을 내포하고 있다고 볼 수 있다. 따라서 이 책은 문화를 한 집단 구성원이 공통적으로 가지고 있는 의식적이거나 무의식적인 정신 체계이며, 산물과 행위를 통하여 표출되고 의사소통에 반영되며 원활한 의사소통을 실현하는 수단으로 정의하도록 한다.

이러한 문화의 개념을 바탕으로 이 책에서는 유네스코에서 정의한 상호문화성의 개념에 대해 논의하고자 한다. 유네스코 총회에서 채택된 "문화적 표현의 다양성 보호와 증진 협약(Convention on the Protection and Promotion

---

4 Jennifer Kerzil·Geneviève Vinsonneau, 앞의 책, 2013, 61쪽.
5 문화를 사회구성원들이 인지, 평가, 사고 행동하는 표준으로 삼기 위해 공유하고 있는 배경으로 정의할 때 이러한 문화는 구성원이 고립된 상태에서 보다는 인간 상호 간의 관계에서 더욱 분명한 색깔을 드러낼 것이다. 즉 확대된 문화 개념은 근본적으로 상호교류적인 것이다. 이에 관해서는 권오현, 앞의 논문, 1996, 14-16쪽 참조.
6 에드워드 홀(Edward T. Hall)은 '문화는 의사소통이고 의사소통은 문화'라고 말한 바 있다. Lusting·Koester(1999)는 문화를 타문화 사이의 의사소통으로 간주하며 타문화의 구성원과 적절하고 효과적으로 의사소통하는 것, 과제를 수행하고 관계를 이루며 유지시켜 나가는 능력으로 보는 것, 이 능력은 문화 개별적인 것이 아니라 모든 문화에 적용할 수 있는 것으로 본다. 여기에서는 문화를 타문화와 원활하게 의사소통하기 위해서 생각하고 행하고 느끼면서 경험하는 하나의 과정으로 본 것이다. 이에 관해서는 Moran, 앞의 책, 7쪽 참조.
7 Martine Abdallah Pretceille, 앞의 책, 68쪽.

of the Diversity of Cultural Expression)"에서는 상호문화성(interculturality)의 개념을 다음과 같이 정의하였다.[8]

상호문화성은 상이한 문화의 존재와 이들 문화 간 동등한 상호작용에 주목하는 개념이며, 그리고 대화와 상호존중을 통하여 공유된 문화적 표현을 생성할 수 있는 가능성을 말한다.

매우 추상적이고 압축적으로 표현된 이 구절 속에 사실상 상호문화성의 핵심적 의미는 모두 나타나고 있다. 상호문화성은 문화 간 동등한 상호작용과 대화를 통하여 서로 이해하고 존중해가는 과정을 말하며, 상호문화성의 전제조건 내지 목적은 이에 근거할 때 '문화의 다양성 인정'과 '상호존중을 매개로 한 공통된 문화의 창출'이다.[9] '상호문화성'에서 학습자(개인)는 출신 집단의 문화 속에서 벗어날 수 있는 존재이며, 학습자의 문화와 정체성은 가변적이고 역동적으로 변화할 수 있다.[10] 이에 따라 학습자는 자신(자문화)과 다른 것을 인정하는 방식을 다양하게 획득하게 되고, 개인의 내적 복수성은

---

8   유네스코에서 정의한 상호문화성의 원문은 다음과 같다.
     "Interculturality" refers to the existence and equitable interaction of diverse cultures and the possibility of generating shared cultural expressions through dialogue and mutual respect. 문화적 표현의 다양성 보호와 증진 협약에 대해서는 http://unesdoc.unesco.org/images/0014/001429/142919e.pdf 참조.

9   다양성을 전제로 하면서 동시에 공통성을 지향한다는 것은 얼핏 보면 서로 상충되고 모순되어 보이지만 이것이 바로 상호문화성의 핵심적 바탕을 이룬다. 이는 어떻게 다양한 문화 간에 열려진 대화와 결합이 보편적으로 가능할 것인가 하는 실천적 문제로 귀결된다. 이 부분에 대해서는 2장 2절에서 구체적으로 논의하도록 한다.

10   이때 '상호문화'라는 용어는 '다문화'라는 용어와 대립해 사용되는데, 상호문화는 "문화적 다양성과 결부해 사회적·교육적 문제를 이해하는 데 도움을 주는 이론"인 반면에, 다문화는 "집단의 복수성"은 인정하지만 "공동의 단일성의 파괴"는 피하려 하면서 교육적 목표를 분명히 하지 않는다. 이에 관해서는 Maddalena De Carlo, 앞의 책, 49쪽 참조.

자신과 다른 문화를 만날 때 유연하게 대처하고 행동할 수 있다. 이러한 맥락에서 상호문화성은 상호교류 관계 속에서, 그리고 관련된 사람들의 문화적 정체성의 존중이라는 관점 속에서 문화들의 상호작용에 의해 이루어진 일련의 자문화와 타문화에 대한 관점과 태도의 변화를 의미한다.

이에 이 책에서는 한국어 교육에서 상호문화교육을 학습자가 자신의 고유 문화와 한국의 문화 사이에서 그 차이를 이해하고 포용할 수 있는 능력을 함양하는 것으로 바라보고자 한다. 문화 간 원활한 의사소통을 목적으로 삼는 한국어 문화 교실에서는 학습자들이 자국 문화의 중심에서 벗어나 문화 간 상호작용 과정을 겪으면서 중국 문화와 한국 문화의 만남을 통해 상호문화 이해의 도달과 새로운 문화적 정체성을 형성하는 것을 지향한다. 이러한 '상호문화성'을 바탕으로 한국문화 교육을 구성하는 것은 문화의 '개방적', '복수적', '상대적', '탈중심'적인 교육이다.

(2) 상호문화적 접근의 성격

상호문화적 논의는 개인의 의사소통적 접근이라는 의미에서 상호작용에 초점을 맞춘다. 상호문화에서 문화를 이해한다는 것은 지식을 축적한다는 것이 아니라 인간에 의한 인간의 상호인정, 움직임, 절차를 실행하는 것이다. 우리는 타인과 대화도 해보지 않고, 임의적으로 정의된 문화 집단의 특성을 타인에게 강제적으로 부여하는 상태에서는 타인에 대해 알 수 없다. 상호문화적 접근의 목적은 타인의 문화를 배우는 것이 아니라 타인과의 만남을 배우는 것이며[11] 타인을 생각하는 것을 배우는 것이다. 다시 말해 타인을 특수한 존재이자 보편적인 존재로 인정하는 데 상호문화적 접근의 목적을 둔다.

---

11   Martine Abdallah Pretceille, 앞의 책, 77쪽.

모든 행위는 주체/개인 축과 일치하는 상호작용의 조직망과 상호주관성의 조직망 속에서 이루어진다. 이때 상호문화적 접근방식은 타인을 의미의 조직망 속에 가두어 파악하거나 민족 중심적 토대 위에서 일련의 비교를 시도하려고 하지 않으며, 단자처럼 간주되는 개인이나 문화 자체가 아니라 그 관계를 중시한다. 개인 간, 문화 간 상호적 관계를 강조하는 상호문화성의 의미는 타자와의 관계를 통한 주체의 자각을 강조하는 상호주체 현상학에서 그 근원을 찾을 수 있다.[12] 후설에게 인간 주체는 순수한 주체로서 각각 고립되어 있거나 주체와 객체로서 서로 모순되고 대립되는 것이 아니라, '지향성'으로 말미암아 서로에게 개방되어 있으며, 서로 자신의 존재와 인격을 소통하고 통교함으로써 자아를 실현시켜 나가는 상호주관성을 지닌 주체이다. 후설 현상학의 '생활세계' 개념에서는 주체로부터 벗어난 순수한 객관적 객체가 존재하지 않으며, 주체인 '나'와 객체인 '너'가 함께 공존하는 상호주체적 세계로, 이 세계 속에서는 주체와 타자의 관계성을 강조한다.[13] 상호문화성 개념에서 타자로서의 타문화는 자신의 문화와 아무런 관련이 없는 것이 아니라, 자신의 문화와 상호적인 관계 속에 있을 뿐 아니라 이러한 관계를 통해 공통의 의미 지평을 공유하는 구체적 타자이다. 이러한 의미에서 상호주관성에 근거한 문화의 개념은 다른 주체로서의 타문화를 인정하고 서로 소통하고 교류함으로써 자아를 실현시켜 나가는 상호주체로서의 문화를 이해하는 것이다.[14] 상호문화성에서 '상호' 개념은 '함께'라는 뜻으로, 문화 사이의 '직접적인 연관성' 혹은 '상호 교류'를 의미한다. 즉 특정 대상에 관심을 집중하기보다는 대상과 대상 사이의 관계를 중시하므로, 그 사이에서 여러 가능성을

---

12   Martine Abdallah Pretceille, 앞의 책, 71-74쪽.
13   이화도, 「상호문화성에 근거한 다문화교육의 이해」, 『비교교육연구』 21-5, 한국비교교육학회, 2011, 175-176쪽.
14   위의 글, 176쪽.

탐색할 기회가 창출된다.[15]

이때 '상호'는 사람들이 타인을 보는 방법과 자신을 보는 방법에 모두 관련되어 있다. 여기에서 인식은 타인이나 자신의 특성이 아니라 타인과 자신이 맺고 있는 관계에 달려 있다.[16] 즉 상호문화적 접근에서 문화 이해는 일방향(一方向)에서 이루어지는 것이 아니라 양방향(兩方向)으로 이루어지며, 이 과정에서 모두 내 것이나 상대방의 것만 생각하기보다는 나를 통하여 타인을 보고 타인을 통하여 나를 본다. 이러한 관점은 권오현(1996)에서도 살펴볼 수 있다. 그는 서로 다른 문화A와 문화B가 만나는 '문화AB' 개념으로 상호문화적 소통을 설명하였다. 이때의 '문화AB'는 문화A의 요소와 문화B의 요소가 새롭게 혼합된 문화실체라기보다는, 오히려 문화 간 만남에서 형성되는 관계상황 자체를 지칭한다. 상호문화성을 표현하는 '문화AB' 속에는 B가 A의 관점에서 고찰되고 A가 B의 관점에서 조망되는 무한정한 상호성 원칙이 근본적으로 내재되어 있다. 상호성은 자기중심에서 벗어나 관점의 복수화를 이루는 것이며 '문화 AB' 속에는 쌍방, 대화, 공존, 이해, 협력, 나눔, 협상 등과 같은 관계적 가치들이 수용된다.

결국 상호문화성 개념에서 문화는 고정되고 동질적이며 폐쇄적인 것으로 간주되거나 동질적인 독립된 단위나 어떤 상태로 주어지는 것이 아니라, 복합성과 가변성의 논리를 바탕으로 한 상호작용 과정으로 인식된다.[17] 문화적 차이는 특정한 맥락과의 관계 속에서만 의미를 가지기 때문에 상호문화적 접근방식은 상황을 설명하고 정당화하기 위해 문화를 사용하는 부여의 논리가 아니라 어떤 관계를 보여주는 맥락에 의해서 정의된다.[18]

---

15 권오현, 「문화와 외국어 교육－고등학교 독일어교육을 중심으로」, 『독일교육』 제28집, 한국독어독문학교육학회, 2003, 15-16쪽.
16 Martine Abdallah Pretceille, 앞의 책, 75쪽.
17 이화도, 앞의 글, 176쪽.

요약해보자면 상호문화적 접근의 성격은 'inter(상호)'와 'culture(문화)'로 나뉘어 설명할 수 있다. 'inter'라는 접두사의 의미를 최대로 고려한다면, 'inter culture'라는 단어의 사용은 필연적으로 상호작용, 교환, 장벽제거, 상호성, 진정한 연대성을 의미한다. 만약 'culture'라는 단어가 가진 모든 가치를 인정한다면, 그것은 사람들이 개인 차원에서뿐 아니라 사회 차원에서 타인과 맺는 관계 속에서, 그리고 세계라는 개념 속에서 참조하는 상징적 표상, 생활방식, 가치 등을 인정함을 의미한다.[19]

2) 상호문화학습과 상호문화능력

이 부분에서는 상호문화학습과 상호문화능력에 대해 논의하고자 한다. 구체적으로는 상호문화성이 과정적 성격을 가진다는 것을 강조하고, 상호문화교육에서 목표로 하는 상호문화능력의 의미와 요소에 대해 고찰하는 방향으로 진행하도록 한다.

상호문화적 접근이라 함은, 집단, 개인, 정체성 간의 상호작용을 관련짓고 고려한다는 것을 의미한다. 다원문화, 다문화라는 용어가 확인 차원에 그친다면, 상호문화는 절차를 중시한다.[20] 상호문화학습이 상이한 문화를 가진 집단과 개인들 사이에 흔히 생길 수 있는 불편한 관계를 긍정적인 상황으로 바꾸는 모든 활동과 계획[21]이라고 할 때, 상호문화적 접근은 문화 간 역동적이고 긍정적인 관계를 형성하려는 새로운 교육과 의사소통 개념이라고 볼 수 있다. 즉 '상호문화'와 '교육', '학습'이라는 용어의 정의와 외국어 교실이

---

18   Martine Abdallah Pretceille, 앞의 책, 81쪽.

19   Maddalena De Carlo, 앞의 책, 50쪽.

20   Martine Abdallah Pretceille, 앞의 책, 65쪽.

21   Jennifer Kerzil·Geneviève Vinsonneau, 앞의 책, 68쪽.

라는 맥락을 고려하면, 이는 학습자의 자문화와 텍스트에 나타난 목표문화와의 상호작용, 이해라는 긍정적인 관계를 수립할 목적으로 행하는 일련의 조치라고 정의할 수 있다.

상호문화학습과 상호문화능력 형성은 불가분의 관계에 놓여 있다. 상호문화 학습의 개념은 과정을 나타내는 핵심 개념으로서, 문화적 만남의 상황이나 그에 대응하는 교육적 장치를 통해 상호문화능력으로 나아갈 수 있다.[22]

[상호문화학습과 상호문화능력]

출발점	과정	결과
상호문화교육	→ 상호문화학습 →	상호문화능력
상호문화적 만남		

외국어 교육에서 문화 능력을 일반적으로 문화 이해 능력으로 보는 경우가 많으며 타인에 대한 이해는 흔히 타인에 대한 지식과 동일시되지만, 실제로 의사소통과 관계를 떠나서는 타인을 이해할 수 없다. 여기서 강조하는 상호문화성은 타인과의 만남을 배우는 것이며, 상호문화능력은 지식적인 측면을 넘어 문화의 다양성을 인정할 수 있는 태도와 타문화에 맞는 행동을 수행할 수 있는 기술적인 측면으로 바라보고자 한다. 즉 상호문화능력이란 문화

---

[22] 개인이 환경과 상호 작용하면서 체험 및 행동의 변화를 보일 때 그것을 '학습'이라고 한다면, '상호문화 학습'은 타문화적 환경과의 상호 작용과 관련시켜야 한다. 상호문화학습, 상호문화 교육과 같은 개념은 때로는 과정을, 때로는 결과를 지칭하기 때문에, 개념상 어느 정도 불분명한 점이 있다. 그에 비해서 최근에 많이 논의되고 있는 '상호문화 능력'이라는 개념은 명백히 결과 수준에 해당하는 것이다. 그것은 다른 문화에 속한 사람들과 성공적으로 그리고 문화적 감각을 가지고 상호작용할 수 있는 지속적인 능력을 가리키며, 그것은 또한 상호문화 학습을 통해서 도달되어야 할 성질의 것이다. 허영식, 「간문화 학습의 이론적 기초와 학습 과정」, 『사회과교육』 제4호, 한국사회과교육연구학회, 2000, 84쪽.

충돌 및 갈등이 일어날 수 있는 상황에서 학습자가 문화의 내용이 아니라 타문화를 보는 시각, 문화에 대한 태도가 문제임을 자각하고 열린 태도로 낯선 문화를 존중하며 각 문화의 가치를 인정하는 능력이다.[23]

학자에 따라 상호문화능력의 요소나 개발에 대해 의견의 차이를 보이기는 하나, 대부분 지식의 차원을 넘어서 타문화에 대한 기술과 태도에 중점을 두고 있다는 것을 알 수 있다. 키얼(Kiel, 1996)은 상호문화능력 개발을 문화적 감각화, 문화분석의 방법, 고유문화의 분석, 목표문화의 분석, 목표문화의 문화적 규칙 개발, 목표문화에서 개발된 규칙의 검증 등 여섯 가지 측면에서 설명하였는데[24] 이 여섯 가지 능력은 크게 자문화와 타문화를 포함한 문화 간 기술 능력에 초점을 맞춘 것이다.

스킨초크(Schinschke, 1995)는 상호문화능력을 고유문화에 대한 생각을 상대화하는 능력, 고유문화와 낯선 문화 사이를 중재하는 능력, 다양한 행동방식을 접하고 의사소통할 수 있는 능력, 관점들을 수용하고 감정이입할 수 있는 능력으로 설명하였는데[25] 이 네 가지 능력은 태도와 기술적인 측면을 모두 포함하고 있다.[26]

---

23 강승혜 외, 『한국문화교육론』, 형설출판사, 2010, 33쪽.

24 E. Kiel(1996), Die Entwicklung interkultureller Kompetenz als ein zentrales Ziel globalen Lehrens und Lernens, IAdFID. (민춘기, 「독어독문학과 상호문화학습」, 『독일문학』 80집, 한국독어독문학회, 2011, 424쪽에서 재인용.)

25 A. Schinschke(1995), Perspektivenübernahme als grundlegende Fâhigkeit im Umgang mit Fremden. In: Bredella/Christ(HG.), Didaktik des Frmduerstehens. Gunter Narr Verlag, Tübingen. (민춘기, 「상호문화 학습의 이론적 토대」, 『독일언어문학』 21집, 독일언어문 학연구회, 2003, 132쪽에서 재인용.)

26 Neuner(1994)는 상호문화학습의 내용이 되는 네 가지 핵심능력을 다음과 같이 요약하였다. ① 역할의 객관화: 객관적인 자기 판단 능력, 자기중심적인 관점에서 벗어나 외부와 거리를 두고 자기 위치를 볼 줄 아는 능력 ② 감정이입 능력: 다른 사람들의 입장이 되어서 이해하고 생각할 수 있는 능력 ③ 중의성과 애매모호함의 관용: 자신의 입장에 모순되는 (다른 사람들의) 요구와 기대를 참아내는 능력 ④ 정체성 의식과 자신의 정체성을 기술할 수 있는

바이럼은 문화 간 능력의 구성요소들을 다섯 가지로 규정하였는데, 그것은 태도(attitudes)와 지식(knowledge), 해석기술(skills of interpreting), 발견과 상호작용 기술(skills of discovery and interaction), 비판적 문화인식(critical cultural awareness)이다.[27] 여기서 비판적 문화인식에 관한 능력은 태도에 분류되어 설명할 수 있고 해석기술, 발견과 상호작용 기술은 기술 영역에 편입되어 설명할 수 있다.

이 책에서는 중국 문화와 한국 문화 사이의 관계 설정에 중점을 두는 상호문화적 의사소통의 관점에서 문화교육을 설계하고자 한다. 이에 상호문화능력을 크게 자문화와 다른 타문화를 발견할 수 있는 기술, 타문화 현상에 대한 해석기술, 해석·분석의 과정을 통해 익힌 타문화의 수용 태도의 세 측면에서 살펴본다. 이는 상호문화교육을 정보와 지식 차원의 교육을 넘어, 전인적 차원에서 관점의 전환과 태도의 변화를 아우르는 것을 목적으로 한다.

3) 상호문화교육제재로서의 문학작품

한국어 교육에서 문학교육은 언어능력의 향상, 문화 능력의 증진, 문학 소양의 함양 및 인간성의 발달[28] 등에서 주목을 받게 되었고 그 필요성이 강조되고 있다. 문학의 문화적 접근은 포괄적인 인간과 삶의 이해라는 관점에서 문학의 자기해체를 통한 새로운 의미모색으로 이어지고 있다.[29] 문학작

능력: 자신의 입장을 인식하고 다른 사람들에게 그런 자신의 입장을 기술하는 능력. 김옥선, 「한국어교육에서 상호문화학습의 실천」, 『언어와 문화』 3-2, 한국언어문화교육학회, 2007, 186쪽 재인용.

27 M. Byram, 앞의 책 참조.

28 윤여탁, 『외국어로서의 한국문학교육』, 한국문화사, 2007, 73-98쪽.

29 이선이, 『문학을 활용한 한국문화 교육 방법』, 「한국어교육」 14집, 국제한국어교육학회, 2003, 156쪽.

품은 일반적으로 하나의 지역적 공동체 문화를 반영한다. 이러한 의미에서 문학 읽기는 외국 문화에 대해 소통하고 체험하고 내재화하는 과정이다. 상호문화학습을 위해 문학작품을 활용할 경우 타자 및 타문화에 대한 정보 획득, 감정이입을 통한 정서적 이해, 다양한 시각을 통한 비판적 이해가 가능하기 때문에 문학작품은 상호문화교육의 중요한 제재로 활용되고 있다.[30]

(1) 상호문화 인식 자료로서의 문학 텍스트

상호문화적 학습을 목표로 할 경우 지역사정에 관한 객관적 지식 습득을 넘어 타민족의 심성, 세계관에 대한 이해로까지 나아가야 한다. 문화 간의 갈등과 편견 극복을 통한 상호문화적 소통과 이해가 외국어 교육의 핵심이 되려면 타자 및 타문화의 정신, 가치, 규범이 문화의 핵심 대상으로 간주되어야 한다.[31] 이에 문학 작품은 문화의 관념적 요소가 풍부하다는 점에서 상호문화교육의 좋은 제재가 된다. 윤여탁(2007)에 따르면 문학 작품에는 한국인의 가치, 신념, 태도, 제도, 관습 등의 문화가 고스란히 담겨있기 때문에 한국어 교육을 위한 좋은 문화자료로 활용할 수 있다. 한국 문학 작품은 한국인의 삶, 한국인의 사고방식, 한국인의 가치관이며 그것을 추상적인 상태가 아닌, 가장 구체적인 상황 속에서 가장 익숙한 표현 방식으로 구성해 놓았다.[32] 즉 문학이 가지고 있는 구체성의 특성으로 인해 문화 인식 자료로 활용할 수 있다. 문학의 구체성이란 개념은 문학이 언어활동의 구체적인 실현태이자 살아 있는 언어 자료의 의미로서[33] 문학은 추상적이고 모호한 개념을 구체적

---

30 김정용, 「문학작품을 활용한 상호문화적 외국어 교육」, 『독어교육』 51집, 한국독어독문학 교육학회, 2011, 14쪽.
31 김정용, 앞의 글, 9쪽.
32 김정우, 「시를 통한 한국 문화 교육의 가능성과 방법」, 『선청어문』 29집, 서울대학교 국어 교육연구소, 2001, 175쪽.
33 윤여탁, 앞의 책, 87쪽.

인 사건과 인물을 통해 실제적인 개념으로 만든다는 것이다. 이는 문학 작품이 외국어 학습자의 목표어 문화권에 대한 통찰력을 증가시키는 데 더 많은 역할을 한다는 콜리와 슬레이터(Collie & Slater)의 주장에서 살펴볼 수 있다.

> 소설, 희곡 혹은 단편의 '세계'는 창조된 것이지만 이는 그 속에서 그려지는 많은 사회적 배경 속의 주인공들을 통해 풍부하고 생생한 맥락을 제공한다. 독자는 그들이 무엇을 사고, 무엇을 믿고, 두려워하고, 즐기는지, 혹은 남몰래 어떻게 말하고 행동하는지 등을 통해 그들의 사고, 감정, 관습, 잠재된 인식들을 발견하게 된다. 이런 생생한 상상의 세계는 빠르게 다른 나라의 독자들에게 진짜 현실 사회를 이루고 있는 관례와 인식들을 느끼게 해준다. 문학은 목표 언어가 사용되는 사회에 대한 외국어 학습자의 통찰을 증가시키는 데 쓰이는 다른 자료에 대한 최고의 보완물이 될 수 있다.[34]

(2) 상호문화 해석 자료로서의 문학 텍스트

문학텍스트는 그것이 표현하는 내용의 성격이 허구적이고 주관성이 강하고 정감 세계를 표현하며, 해석에 있어 많은 빈자리가 존재한다는 특성이 있다. 특히 이 빈자리 때문에 문학텍스트는 비문학텍스트와 달리 독자의 해석을 많이 필요로 한다. 이러한 열려진 해석은 학습자들이 다양한 시각에서 접근 가능하고 필요하다는 것을 의미한다. 문학텍스트의 언어가 표현하고 있는 표층적인 의미와 심층적 의미 사이에는 일정한 거리가 존재한다. 이러한 문학텍스트 읽기에서 독자는 자신의 경험을 이용하여 작가가 창조한 예술적 공간에서 상상력을 발휘하여 이해하고 해석하므로 그 해석에는 개인적인 체험의 색채가 농후하다. 즉 학습자들이 다양한 시각을 통해 능동적이고

---

34   J. Collie & S. Slater, 앞의 책, 4쪽.

적극적으로 작품을 재구성, 재해석하는 과정은 학습자들의 사전 이해를 전제로 한 해석 과정이다.[35] 그러나 기존 자신의 선지식과 경험이 텍스트가 유발하는 낯섦과 서로 차이가 날 때 독자는 당황하게 되고 이 다름과 낯섦은 결국 우리의 관습과 사고의 규범이 갖는 절대화에 대해 의문을 갖게 한다.

문학텍스트는 현실을 모사하는 것이 아니라, 현실을 특정한 시각에서 해석할 것을 요구한다. 문학텍스트는 수용자가 이 시각을 받아들일 것을 요구한다. 이로 인해 수용자에 의해 대표되는 시각과 문학텍스트의 시각이 서로 충돌할 수 있다. 문학은 다른 사람과의 만남이기 때문에 타자 및 타문화에 대한 자신의 고유한 시각을 점검하고 상대화하고 교정하며 확대할 수 있는 최적의 장소이다.[36]

리자르(Lazar, 1993) 또한 외국어 교육에서 문학텍스트의 활용이 학습자의 해석능력을 신장시키고, 텍스트에 대한 의견과 느낌에 대해 얘기할 수 있도록 독려한다고 보았다.[37] 문학텍스트 내에는 동일한 실체에 대한 여러 가지 관점이 있다. 이는 한편으로는 학습자의 인지능력을 신장시켜주고, 관찰, 분류, 대비, 해석 등을 시도해보게 하고, 다른 한편으로는 학습자로 하여금 학습자 자신의 행동, 습관, 정체성이 자연스럽고 보편적인 것이 아니라 사회적·역사적 산물이자 모든 다른 문화체계와 동등한 지위를 가지고 있다는 사실을 일깨우게 한다.[38]

---

35 차봉희 편역, 『독자반응비평』, 고려원, 1993, 80쪽.
36 김정용, 앞의 글, 18-19쪽.
37 G. Lazar, *Literature and Language Teaching: A guide for teacher and trainers*, Cambridge: Cambridge UP, 1993, p.15.
38 Maddalena De Carlo, 앞의 책, 96쪽.

(3) 상호문화 태도지향 자료로서의 문학텍스트

문학텍스트 읽기는 다른 설명문 텍스트 읽기와 달리 심미적 읽기를 통하여 독자의 정서적 반응을 유발하는 힘을 가지고 있다. 문학텍스트는 다른 사람의 사고, 감정, 입장을 이해하고 우리의 감정이입 능력을 형성하는 데에 도움을 준다. 문학작품을 통해 우리는 다른 사람의 입장이 되어보고 그들에 감정이입함으로써 이들도 많은 면에서 우리와 비슷하게 느끼고 생각한다는 점을 알게 되어 이들을 보다 인간적으로 대하는 태도를 지니게 될 것이다.[39]

타자를 이해하고 타문화를 이해하기 위해서는 우선적으로 감정이입의 노력이 선행되어야 한다. 이를 위해서는 타자 및 타문화의 사고방식과 생활세계를 이해하기에 앞서 닫힌 마음을 열고 타문화에 대해 호기심과 관심을 가지는 태도가 필요하다. 또한 자국 문화와 목표문화가 상호작용하면서 인지하고 이해하는 과정을 겪은 후 학습자가 목표문화를 적극적으로 수용하고 내면화하는 것이 필요하다. 학습자의 문화적 수용은 다양한 정서적 형태로 이루어질 수 있다. 정서적 반응을 통한 감정이입은 일종의 문화 능력이다. 사회관계 속에서 감정이입은 다른 사람들과 더불어 의미를 공유하고 새롭게 창출하며, 사회 속에서 함께 살아가는 상호 관계적인 지식을 제공하는 중요한 역할을 담당한다. 이러한 측면에서 문학작품은 문화 간 차이를 이해하고 수용하며 공통된 문화를 지향하는 데 도움을 준다.

---

39 문학의 가장 큰 역할은 허구의 인물과 허구의 세계에 대해 감정이입의 역할을 한다는 점은 아리스토텔레스의 『시학』에서 출발한다. 아리스토텔레스의 『시학』에 따르면 예술은 "모방"의 양식으로서 그중 드라마는 "행동하는" 인간을 모방하는 예술양식이다. 그러나 예술의 모방은 현실 그대로의 모방이 아니라, 개연성을 갖는 현실의 모방이다. 개연성 있는 현실 세계의 모방을 통해 비극이 독자나 관객에게 미치는 영향은 동정심과 공포를 불러일으켜 감정의 정화, 즉 카타르시스를 유발하는 것이다. 이 카타르시스는 특수한 심리적 작용을 통해, 즉 관객이 배우가 모방하고 있는 인물 속으로 감정이 이입되어 그들처럼 느낌으로써 이루어지며, 배우를 통해 작중 인물 속으로 감정이입이 되는 것이라고 말한다. Bertolt Brecht 지음, 김기선 역, 『베르톨트 브레히트의 서사극 이론』, 한마당, 1989, 17쪽.

포르세와 압달라-프렛세이는 문학이 그 고유한 특성으로 말미암아 '상호문화교육의 상징적인 영역'되었다고 주장한 바 있다. 문학텍스트의 다양성은 독자로 하여금 자기 자신과 거리를 두게 하고, 명확한 것을 의심해보게 하며, '비스듬히' 보고 또 그렇게 보이도록 만든다. 게다가 문학은 다른 예술작품과 마찬가지로 개인적이고 지역적인 정체성과 인간 사회 전체에의 소속감 사이의 해결되지 않을 것처럼 보이는 영원한 갈등을 재구성한다.[40]

2. 상호문화적 접근의 과정

베스(Besse, 1993)는 상호문화적 접근의 과정을 '동화와 이화' 과정을 번갈아 하거나 동시에 함으로써 외국 문화를 이해하게 되는 과정이라고 보았다. 학습자에게 외국 문화가 제시되면 학습자의 인식 세계에서는 먼저 자국 문화 지식에 대비하여 외국 문화에 대한 이질감으로 이화작용이 이루어짐과 동시에 그에 대한 반작용으로 자국문화에 대한 동화작용이 강화된다. 그 다음으로 문화 이해 의지에 따라 외국 문화에 대한 동화작용이 이루어지고 동시에 자국 문화에 대한 이화작용이 다시 이루어진다. 이때 작용되는 외국 문화에 대한 동화는 일시적이기 때문에, 학습자는 외국 문화의 차이점을 확인하고 자국 문화의 정체성을 확립하는 결과에 이르게 된다는 것이다. 이와 비슷한 맥락에서 디페드(Defays, 2003)도 "타문화의 발견, 자문화의 재발견, 교류과정에서 '함께 만든 문화'의 생성"이라고 도식화하여 단어는 다르지만 본질적으로는 같은 3단계 구조의 인식 변화 과정을 서술하고 있다.[41]

---

40 Maddalena De Carlo, 앞의 책, 77-79쪽.
41 디페드는 세 단계로 상호문화적 접근의 과정을 제시하였다. 첫째는 두 사람 혹은 두 집단이 처음 만났을 때 함께 공유하는 문화 가치를 찾으려고 하는 가운데 자국의 문화 환경과

타문화를 이해하고 습득할 때 전개되는 심리적 과정의 정립이 상호문화 접근법의 중요한 측면이라는 점에서 두 학자가 제안하는 접근은 효과적으로 보인다. 특히 문화적 거리가 큰 동양권 문화와 서양권 문화를 상호 교수-학습할 때에는 학습자들의 인식 과정 변화가 매우 중요하다. 하지만 비교되는 문화권에 따라 다소 차이가 나타날 수 있는데 중국인 학습자를 대상으로 한국 문화를 상호문화교육 할 경우, 이러한 심리적 형태가 완전히 일치하지 않고 심리적 변화 또한 뚜렷하지 않다. 왜냐하면 같은 유교문화권과 동양문화권 아래에서 한-중 문화는 차이점도 존재하지만 많은 공통점을 지니고 있으며 특히 중국과 한국의 활발한 문화교류에 의하여 중국인 학습자에게 한국 문화는 완전히 생소한 대상은 아니므로 이미 친숙한 심리적 거리관계를 가지고 있다. 실제 교실상황을 살펴보면 한국 문화를 접할 때 가장 먼저 차이점보다는 공통점에 많이 주목하며 차이점에 대해서도 '거리감'만 형성하는 것은 아니다. 따라서 상호문화교육은 수용 대상에 따라 다양성을 지녀야 하며 외국어 학습자들의 특성을 고려해야 한다. 특히 중국인 학습자를 대상으로 할 때 잘 드러나지 않는 한-중 문화의 차이점과 공통점을 어떻게 확인하고 이해하여 수용하게 하는지에 대해 주목해야 한다.

이에 상호문화적 접근의 과정은 문화 간 상호작용을 통하여 상호행위과정에서의 학습과정으로 이해해야 한다. 루트(Roth, 1996)에 따르면 "상호문화학

다름을 자연스럽게 인식하면서 거리를 두게 된다는 것, 둘째는 이렇게 거리를 두는 것이 각자 자신의 고유문화에 대한 성찰로 이끌고, 세 번째는 이러한 문화 비교가 문화 관점을 상대화 시키거나 확장시키는 데 그치지 않고 그 안에서 새로운 것을 창조할 수 있도록 한다는 것이다. 베스와 디페드 둘 다 상호문화에 접근하는 과정에서 가장 먼저 '이질감'및 '거리감'이 발생한다고 보지만, 베스의 경우 '자신과 다름'으로 인해 '이질감'이 먼저 발생한다고 보았고, 디페드는 '공유 문화 가치'를 찾으려 하는 과정에서 '거리감'을 먼저 인식하게 된다고 본다. 김은정, 「상호문화 접근법에 기반 한 문화 교육－프랑스와 한국의 문화 비교 관점에서」, 『프랑스어문교육』, 한국프랑스어문교육학회, 2011, 12-14쪽.

습은 타문화의 이해와 수용이라는 관점에서 개인의 태도 변화를 목표로 하는 하나의 개체발달 지향의 과정으로 파악할 수 있다. 문화적 차이의 담지자로서 행동하는 주체가 전면에 서게 되는데, 이때 주체는 느낌과 사고의 지각, 해석(문화적 안경)의 관점 또한 개체의 태도(문화적 각인)라는 관점에서 파악된다.[42] 따라서 이 책에서는 상호문화 접근의 과정을 인지, 해석, 태도 형성으로 나누어 살펴보고자 한다.

1) 상호문화적 인지

이 단계는 문화 간 만남을 통하여 문화를 지각[43]하고 인식하는 단계이다. 즉 학습자에게 외국 문화가 제시되면 학습자의 인지 세계는 자문화와 타문화의 상호작용을 거쳐 서로의 문화를 지각하고 인식한다. 인지는 개인 자신과 주위 환경으로부터 오는 것으로 대상을 인식함과 동시에 그 대상이 지각 영역에 나타나는 순간에 가장 적합한 의미를 부여하게 한다. 상호문화교육은 학습자들이 목표어 사회의 타자성을 인지하는 것에서 시작하여 그에 대해 이해하는 방향으로 진행된다. 한국어 학습자들이 문학 텍스트로부터 타자를 인식하는 것은 학습자들이 새로운 세계와 소통하고 그로부터 의미를 산출하는 활동의 기초로서 의미를 지닌다.

문화 간 대화는 그 자체가 타자를 인정하는 것에서부터 시작되며 타자와

---

42   J. Roth(1996), Interkulturelle Kommunikation als universitäres Lehrfach. Zu einem neuen Müncher Studiengang, in: Roth, Klaus(ed): *Mit der Differenz leben*, Münster & München & New York. 조상식 외, 「문화 간 이해교육'의 교육 이론적 개념과 그 실천적 함의: 독일 사례를 중심으로」, 『아시아교육연구』 7-2, 서울대학교 교육연구소, 2006, 55쪽 재인용.

43   '지각(perception)'은 단순히 인지적 차원의 아는 것을 의미하는 것으로, 이러한 차원을 초월하여 주체로서의 학습자 변인에 기댄 능동적 의미 구성을 상정하는 '이해(understanding)'와는 구별된다고 할 수 있다.

내가 존재함을 인정하고 둘 사이의 대화의 필요성을 느낄 때 적극적으로 이루어질 수 있기 때문에 상호문화 인지의 중요성이 강조된다. 대화의 원리에 따라 문화의 소통을 살펴본 문화 기호학자들은 문화에 대한 타당한 해석을 하기 위해서는 문화를 분석할 적절한 단위를 설정하고 그 단위에 잘 부합하는 분석도구를 찾기 위해 각자 분석 단위와 분석 도구를 설정하여 텍스트 분석을 실시하였다.[44] 즉 상호문화적 인지 체계에서 학습자들은 먼저 자신의 정신계를 자극하는 일련의 정보 속에서 일부 요소들을 포착한 다음 그 요소들을 선택하고 변형시킨다.

상호문화 인지에서 자문화에 대한 정체성과 타문화에 대한 고정관념은 중요한 문제로 작용한다.[45] 타문화 인지가 자문화와의 비교로부터가 아니라, 타문화에 대한 고정관념으로부터 출발하는 경우가 있기 때문이다. 대상에 대한 정보는 늘 자기중심화, 단순화, 경직성이라는 지각의 법칙들을 따른다. 리프만(Lippmann)의 정의에 따르면 고정관념은 우리가 사람들 전체를 뜻하는 데 사용하는 고정되고 단순한 카테고리로 그 사람들에 대한 우리의 이미지를 조직화하는 수단이다.[46] 그는 고정관념을 '우리 머릿속의 인상'으로 정보의 상투화에 해당된다고 하였다. 이러한 고정관념은 타인의 특성을 폄하하고 그들의 다양한 특성을 한데 모아서 해당 사람들을 기술함과 동시에 사회생활의 다양한 상황 속에서 사람들이 서로 취해야 할 입장과 행해야 할 행동을 결정한다. 그렇게 함으로써 고정관념은 타자에 대해 뭔가를 찾아야 하고 새로 만들어 내야 하는 수고스러움을 덜 수 있다. 이는 더 이상 타문화에 대해 심층적으로 탐색하고 해석하는 것을 필요로 하지 않는다는 것을 의미한

---

44   송효섭, 『문화기호학』, 민음사, 1997, 244쪽.
45   Maddalena De Carlo, 앞의 책, 101-119쪽.
46   L. Samovar·R. Porter 지음, 정현숙 외 역, 『문화 간 커뮤니케이션』, 커뮤니케이션북스, 2007, 399-400쪽.

다. 이러한 일방적인 타문화에 대한 사회적 범주화는 타문화를 인식하는데 소극적인 태도와 자기중심적인 생각으로 인해 문화 간 활발한 상호작용을 방해한다.

따라서 상호문화적 접근의 출발점은 학생의 정체성이어야 한다.[47] 즉 학습자의 자문화를 '기점 문화'로 삼는 것이 더 효율적이다.[48] 이는 사람들이 잘 알고 있는 자국의 문화를 통해서만 타인을 인지하고 해석 가능하기 때문이다. 학습자들은 자신의 모국문화를 이해함으로써 모든 문화에 속하는 기제를 이해할 수 있다. 즉 자신의 고유한 문화의 암시적인 분류기준을 잘 이해하면 할수록, 외국문화가 세계를 나누는 암시적인 원칙을 그만큼 잘 객관화할 수 있다. 따라서 이러한 상호문화교육은 한편으로는 학생들로 하여금 미지의 사람이 주는 불안감을 용인하게 하게 하면서도, 다른 한편으로는 고정관념의 함정에 빠지지 않으면서 외국 문화와의 접촉 경험을 일반화하게 한다.[49] 뿐만 아니라 자국 문화를 기점 문화로 삼아 학습자들의 문화 배경 지식을 활성화하고 학습자들의 흥미를 유발할 수 있고 문화 학습에 대한 관심을 이끌어 낼 수 있다.

---

47   Maddalena De Carlo, 앞의 책, 55쪽.

48   H. Besse(1993)는 상호 문화의 이해를 돕기 위해 어떠한 문화를 기준이 될 수 있는 '기점 문화'로 삼아야 하는지를 고려하면서 외국 문화보다는 자국 문화를 '기점 문화'로 삼는 것이 더 효율적이라고 본다. 그 이유는 '사람들이 자기 자신을 통해서만 타인을 이해한다' 즉 '사람들은 자기 자신이 잘 알고 있는 자국의 문화를 통해서만 타인을 이해한다'는 것이다. 김은정, 「상호문화 접근법에 기반 한 문화 교육: 프랑스와 한국의 문화비교 관점에서」, 『프랑스어문교육』 37집, 한국프랑스어문교육학회, 2011, 15쪽.

49   Maddalena De Carlo, 앞의 책, 54-55쪽.

2) 상호문화적 해석

문화를 해석적으로 접근하는 가능성과 필요성은 문화인류학적 관점에서 찾아볼 수 있다. 해석학자 리쾨르(P. Ricoeur)는 '삶이 해석이고 해석이어야 한다.'는 주장을 내세웠다. 이는 문화를 해석해야 한다는 그 근거를 내세워주는데 왜냐하면 문화는 삶의 총체며, 그 삶은 해석이고 해석을 요구할 뿐만 아니라 삶을 해석함으로써 삶의 의미가 생기기 때문이다.[50]

상호문화성에서 '상호'라는 뜻을 다시 강조하자면 이 접두사는 집단, 개인, 정체성 간의 상호작용을 관련짓고 고려한다는 것을 의미한다. 즉 상호문화는 절차를 중시하며 '상호문화적' 특성을 부여하는 것은 분석이며[51] 문화는 분석 내에서만 의미를 가진다. 상호문화적 해석은 다음과 같은 세 가지 측면에 의해 설명될 수 있다.

첫째, 압달라 프렛세이(Abdallah Pretceille)는 상호문화적 접근방식은 객관주의자 관점이나 구조주의적 관점과 관계를 끊는다고 하였다. 왜냐하면 상호문화 접근방식은 주체 자신이 만들어낸 문화에 그리고 주체가 개발한 전략에 관심을 갖기 때문이다. 상호문화는 주체의 철학, 즉 주체를 자유롭고 책임감 있으며 비슷한 사람들로 이루어진 공동체에 속한 사람으로 보는 현상학에 근거한다. 현상학자들이 말하는 문화는 사람들이 객관적으로 살펴볼 수 있는 사회적 실체 그 자체가 아니라 의미를 재구성해야 하는 경험이다. 따라서 상호문화는 의미의 핵심에 대한 추구로 볼 수 있다. 바로 이런 의미에서

---

50 해석 문화 인류학자인 기어츠(Geertz)는 문화를 사람들의 경험을 해석하고 행동을 유도하고 규제하는 의미와 상징의 체계로 정의한다. 그는 문화를 해석의 관점에서 보면서 특정 문화가 가지는 의미를 해석하는 일을 중시했다. 한국해석학회 편, 『문화와 해석학』, 철학과 현실사, 2000, 24-25쪽.

51 Martine Abdallah Pretceille, 앞의 책, 65쪽.

상호문화는 단순한 해석이 아닌 것이다. 즉 상호문화에서 타문화에 대한 이해는 주체의 개입이 이루어져야 하며, 개인은 더 이상 문화의 산물이 아니라 문화의 생산자이고 문화는 주체의 의미부여를 통하여 실현되는 하나의 경험적 대상인 것이다. 상호문화이해에서는 모든 유형의 경험상 동어반복과 의미 투사의 장애물을 거부한다.[52] 상호문화 해석과정에서는 주체의 역할이 강조되어, 타문화는 해석자의 관점과 상황에 따라 다양한 방식으로 이해되며, 다른 역사적 맥락에 따라 상이하게 해석될 수 있다. 또한 상호문화 해석은 '근거가 있는 것', '정당한 것'의 과정을 거쳐야 한다.

둘째, 상호문화해석에서는 타자, 타문화에 대한 해석도 중요하지만, 타자를 바라보는 자신의 관점에 대한 해석도 중요하다. 문화 이해는 자신에 대한 연구로 이어지는데 이때 상호문화의 상호주관적·상호작용적 성격에 의하여 타자를 바라보는 자신의 방법에[53] 대한 이해도 필요하다. 타문화를 해석하고 평가하고 바라볼 때 자민족 중심주의가 작용할 수 있는데 자민족 중심적 사고는 한 개인의 마음속에 존재하는 비가시적인 것으로 '자신'만의 것이다. 따라서 학습자의 주체적 자각과 더불어 이러한 문제를 스스로 능숙하게 다룰 줄 아는 기술이 필요하다. 학습자는 낯선 한국 문화 현상이나 단면과 대면하여 이를 자신의 시각에서 평가하지 않고 이러한 현상이나 단면이 어떤 의미를 지니는지 탐색하여 기존에 가지고 있던 제한된 자신의 타문화에 대한 인식을 전환할 수 있어야 한다. 즉 자신의 인식의 틀과 잣대로 타자와 외부현상을 판단하고 평가한다는 것을 깨닫고 자기중심적, 자문화주의적 인식을 상대화시킬 수 있어야 한다. 상호문화 해석에서는 자기 자신의 문화적 선택의 폭을 확장해야 한다. 타자를 바라보는 자신에 대한 이해를 심화시켜 문화

---

52 위의 책, 80쪽.
53 Martine Abdallah Pretceille, 앞의 책, 75-80쪽.

적 규칙들을 융통성 있게 다룰 수 있고 선택적으로 타문화의 기준들을 취득할 수 있어야 하며 문화적 선택 사항들 중에서 상황에 적합하게 그리고 근거를 가지고 선택할 수 있어야 한다.

셋째, 타문화를 이해하려고 접근하는 과정에서 학습자들은 자문화와 다른 이질적인 문화적 요소와의 갈등을 겪게 된다. 이러한 문화 간 차이로 인한 문화적 갈등의 해소는 문화 해석의 중요한 과제로 대두되며 해석 윤리가 이 문제를 심도 있게 취급하고 있다. 즉 문화 해석을 통하여 '특정한 문화의 사고'를 일방적으로 관찰하는 것이 아니라, 문화적 갈등을 최소화하고, 그를 통하여 문화적 합의를 도출할 수 있다.[54] 이때의 상호문화 해석은 문화 간 관계를 규명하고 갈등을 해소하는 데 작용하는데, 이는 문화의 보편성과 특수성의 특성을 벗어나서 논의될 수가 없다.

모든 현상은 어떤 의미에서 상호 보편성과 특수성을 전제한다. 상호문화적 접근방식은 다양성·개별성·보편성이라는 세 가지 개념에 기초한다.[55] 문화의 보편성은 객관성을 지니며[56] 상호문화의 '상호'를 객관적 관계 속에서 이루어지게 하며 상대화 시키는 역할을 한다. 상호문화주의는 보편적인 것과 특수한 것 사이에 존재하는 불안정한 균형을 전제로 한다. 대체로 문화의 보편과 개별 현상은 계층적 분지 구조로, 양극 사이는 점진적인 정도성을 특징으로 하는 것이어서 계층 간의 엄격한 구분이란 사실상 불가능한 경우가

---

54 한국해석학회 편, 앞의 책, 28-29쪽.
55 전체성은 다양한 것과 이질적인 것을 억누르거나 부정하지만, 보편적인 것은 다양한 것으로부터 나온다. 개별성은 어느 하나 또는 어느 개인과 관련 있고, 보편성에서 다양성으로 그리고 반대로 다양성에서 보편성으로 이끄는 절차에 의해서 드러난다. 개별성은 보편성이 일반성으로, 다양성이 차이점으로 되지 않도록 하는 것이다. 차이는 판단과 규범을 전제로 하기 때문에 민족중심적이고 발화자의 표지를 용인한다. 반면에 개별성은 역동적이고 상호 주관적인 관점에 속한다. Martine Abdallah Pretceille, 앞의 책, 76쪽.
56 성기철, 「언어문화의 보편성과 개별성」, 『한국언어문화학』 1-2, 국제한국언어문화학회, 2004, 136쪽.

많다. 범주화도 흔히 계층적 구조를 가지는데 그 최상위 범주는 대체로 보편성 하나에 기초하게 되며, 최하위 범주는 대체로 특수성 하나에 기초하게 된다.[57] 즉 문화의 이질성은 보편성 원칙의 인정 위에 성립되고 중요한 것은 타인의 완전한 특수성과 그의 완전한 보편성 사이에서 균형을 찾는 일이며[58] 보편적인 것과 개별적인 것은 대립관계가 아닌 상호보완적 관계이다.[59] 문화의 이질성만 강조하고 문화의 공통된 점을 강조하지 않는다면 차이에 대한 잘못된 해석에 도달할 가능성이 높고 문화 간 갈등을 유발할 수 있다. 상호문화 해석학에서 중시하는 상호문화성 개념은 문화들에 내재하는 보편적 성격과 문화들 사이에 존재하는 깊은 유대와 내적인 연관성을 지시하며, 문화의 다원성을 담보하면서도 공통된 진리의 가능성을 함축하는 것이다.

각 문화는 나름대로의 고유한 시간 이해와 그에 따른 문화의 다양성을 그 속성으로 가진다. 따라서 이들을 통해 우리는 다양한 문화를 통일하게 해석하는 어떤 구체적인 모델을 찾지 못했다. 그럼에도 우리는 문화를 해석할 수 있고 해석해야 하며 문화를 해석하는 궁극적인 이유는 결국 인간을 이해하는 데 있다. 문화 산물과 해석자 사이의 해석학적 대화에서 문화 의미가 이해되고, 그 의미는 지속적인 이해와 대화의 관계에서 심화된다. 또한 해석 문화의 특정한 관점은 다른 관점과의 대화를 통해서 자신의 제한된 지평을 넓힐 수 있다.[60]

---

57 위의 글, 134쪽.
58 Martine Abdallah Pretceille, 앞의 책, 77쪽.
59 위의 책, 34쪽.
60 한국해석학회 편, 앞의 책, 40쪽.

3) 상호문화적 태도 형성

문화 간 상호작용의 결과로 자신의 문화나 상대방의 문화가 아닌 제3의 문화[61]현상이 나타나게 되는데 이것을 '중간 문화'라고 부르기도 한다. 크람시는 문화학습의 결과 학습자들이 스스로 만드는 심리적인 공간인 '제3의 장소(문화)'에 도달한다고 하였다. 이 제3의 장소란 그들의 고국 문화와 언어도 아니고, 그들이 학습하고 있는 제2문화나 언어도 아니다. 이 제3의 장소에서, 학습자들은 목표 문화 안에서 적절히 효과적으로 참여할 수 있을 뿐 아니라, 제2문화로부터 '비판적인 거리'를 얻을 수 있다. 이러한 거리를 유지함으로 학습자들은 그 문화를 비판적으로 검토해보고 변화시킬 행동을 할 것인지 아닌지를 결정할 수 있는 도구를 얻게 된다.[62] 즉 역사적으로 축적되어 '문화 간 소통'에 상시적으로 적용되어야 하는 구체적인 형태의 문화적 규범이 존재하는 것이 아니므로 원활한 '문화 간 소통'을 위해서 습득해야 하는 것은 지식으로서의 '제3문화'가 아니라, 다른 문화를 객관적으로 바라보는 능력, 즉 감정이입 능력과 다의성 수용 능력이다.[63] 상호문화학습이 자기가 속한 문화와 타문화에 대한 의식과 태도가 변화되는 과정이라면[64] 결과로 형성된 '제3문화'는 심리적인 공간으로서[65] 타문화와 자문화에 대한 태도적 측면에 해당된다.

---

61 C. Kramsch, *Context and Culture in Language Teaching*, Oxford University Press, 1993, pp.233-259.

62 Moran, 앞의 책, 161쪽.

63 민향기, 「한국인의 정체성과 의사소통전략」, 『외국어로서의 독일어』 12집, 한국독일어교육학회, 2003.

64 조수진, 「한국어교육의 간문화 교육 연구-정의적 영역에서의 접근」, 『한국언어문화학』 6-2, 국제한국언어문화학회, 2009, 200쪽.

65 C. Kramsch, 앞의 책, 233-259쪽.

이때 상호문화성의 개념에 대해 다시 살펴보자. 유네스코가 정한 상호문화성의 개념을 다시 보면 '상호문화성은 상이한 문화들의 현존과 이들 사이의 동등한 상호작용, 그리고 대화와 상호존중을 위해 공통된 문화적인 표현의 형식들을 창출할 가능성과 연관된다. 즉 상호문화성은 문화의 다양성을 바탕으로 하면서 문화적 융합을 지향하는 것이다. 이는 다른 관점에서 보면 어떻게 다양한 문화 간 열려진 대화와 결합이 보편적으로 가능할 것인가 하는 실천적 문제로 귀결된다.[66] 이때 이 실천의 귀결은 감정이입을 통해 기본적으로 나를 넘어서서 타자에로 향하고 나아가 그를 이해하고 포용하려는 실천적 의지를 내포하고 있는 하나의 윤리적 태도로 해석될 수 있다.[67] 유럽연합(2000)에서는 관용이라는 용어를 '글로벌 의미에서 다양성의 존중, 인식, 수용'이라 정의하고 있다. 다른 문화들을 판단하지 않고 개방성을 가지고 받아들이는 것을 통해 함께 살아가고 행동하는 것과 관련된다는 것이다. 상호문화성에서 주체의 태도는 자신의 관점을 포함해서 타문화의 관점을 있는 그대로 보는 태도이며, 자신의 문화에 대해서는 자존적이지만 타문화에 대해서는 개방성과 관용을 강조하는 겸손한 태도를 뜻한다. 상호문화교육에서는 이러한 상호 관용적 태도를 길러주는 것을 목표로 한다.

또한 상호문화적 접근이 학습자 자신에서 출발해 타인을 향해 나아간 다음 다시 변화된 자신으로 돌아오는 나선적 교육방법이라는 점을 고려하면,[68] 자문화에 대한 태도도 형성할 수 있다. 자신의 삶의 또 다른 방식과 관계하는 자신을 발견하게 된다. 이것은 더 이상 문화로서만이 아니라 학습자에 대한 것에 해당한다. 즉 이는 자신의 문화에 대해 어떻게 반응할 것인지, 자기 정체성은 형성했는지에 대한 문제로 귀결된다.

---

66   박인철, 「상호문화성과 윤리─후설 현상학을 중심으로」, 『철학』 103집, 2010, 134쪽.
67   위의 글, 129쪽.
68   Maddalena De Carlo, 앞의 책, 8쪽.

대부분의 상호문화학습 이론에서는 상호문화학습이 낯선 것의 보다 나은 이해와 동시에 고유한 것의 보다 나은 이해라는 두 방향에서 이루어진다는 사실을 지적하고 있다.[69] 따라서 상호문화학습에서는 다른 문화와의 소통능력과 고유문화와의 소통능력을 동시에 개발할 수 있다. 상호문화 학습에서는 상호문화적 소통능력 및 정체성 형성이 중요한 테마가 되는 것이다.

3. 한국어 문화교육에서 상호문화교육의 의의

이 절에서는 한국어 문화교육에서 상호문화교육의 의의를 크게 간문화적 소통 능력의 신장, 문화적 자기이해의 실현, 학습자 중심의 탐구적 문화교육으로 나누어 살펴보고자 한다.

1) 상호문화적 소통능력의 신장

상호문화적 소통능력의 습득은 크게 두 가지 방식을 통하여 이루어질 수 있는데 한편으로는 자연스럽게 이루어지는 만남 및 학습경험과 다른 한편으로는 교육적으로 준비하고 마련한 만남 및 학습경험을 통해서이다. 이와 관련하여 사회심리학에서는 서로 다른 문화 집단의 구성원들이 상호작용을 더 많이 하면 집단 사이의 관계가 개선될 수 있는데 이것을 '접촉 가설'이라고 한다. 문화 간 접촉을 통해서 서로에 대한 지식이 더 풍부해지고 더 분화되며, 서로의 유사성에 대한 체험이 강화되고, 따라서 기존의 고정 관념도 줄어든다는 것이다. 하지만 여러 연구 결과에 의하면, 문화 접촉 그 자체로 인해

---

69   민춘기, 「독어독문학과 상호문화학습」, 『독일문학』 42-4, 한국독어독문학회, 2001, 423쪽.

그와 같은 효과가 나타나는 것이 아니라, 특별한 맥락 조건하에서 그리고 일정한 상호 작용 형식을 거치면서 승인이나 동감과 같은 긍정적인 결과를 기대할 수 있다.

상호문화적 소통능력에는 타문화에 대한 지식의 단계를 넘어서 기술과 태도의 능력이 큰 작용을 하고 있다. 접촉의 자발성, 지위의 평등, 접촉의 강도, 그리고 접촉에 대한 제도적 또는 규범적 뒷받침 등의 요인이 그러한 사회적 또는 상황적 전제 조건으로 간주된다. 인성적 측면에서의 전제 조건으로는 정서적 안정, 새로운 경험에 대한 개방성을 들 수 있고, 또한 자민족 중심주의 태도가 별로 없어야 한다. 이와 같은 제한적 조건을 고려할 때, 만남의 장려 그 자체가 결코 상호문화 학습을 위한 왕도가 아니고, 이런 맥락에서 상호문화교육의 준비와 장치가 특별한 의미를 갖게 된다는 것을 확인할 수 있다.[70] 따라서 상호문화 소통능력은 자연스러운 만남을 통하여 이루어지는 것보다 정해진 맥락에서 학습을 통하여 습득되는 것이 더 효과적이며 이러한 관점에서 교실에서의 상호문화학습은 상호문화적 소통능력을 신장시킬 수 있다.

또한 수업에서의 상호문화교육을 통해 문화 간 감수성을 획득할 수 있다. 학습자들은 타문화와 소통할 때 자문화가 각인된 상태에서 목표 문화 사람들과 의사소통을 행한다. 그로 인해 문화 간 의사소통 상황에서 언제나 두 문화가 중첩되어 나타나게 되는데, 이러한 문화 특유적인 사실들을 학습에서 완전히 노출시켜 학습자가 자문화와 다른 문화에 적절하게 반응할 수 있도록 충분한 감수성을 키워주는 것이 필요하다. 문화적 감수성은 문화 간의 차이를 이해하고 인정하며 받아들이고자 하는 적극적인 욕구까지도 의미한다.

실제 상호문화적 상황을 보면 고유문화와 낯선 문화 사이의 중재자로 활약

---

70   허영식, 『지구촌 시대의 시민교육』, 학문사, 2000, 273-274쪽.

하고 상호문화적 오해 상황과 갈등 상황에 효과적으로 대처할 줄 아는 능력과 정형화된 관계를 극복할 줄 아는 능력이 필요하다. 상호문화교육을 통하여 주체적·능동적으로 한국 문화를 해석하는 자세와 한국 문화를 자문화의 잣대로 해석하지 않고 자신의 관점을 돌이켜보면서 문화 간 차이점을 객관적으로 해석할 수 능력을 신장할 수 있다. 또한 상호문화교육은 서로 다른 생활 형식의 다양성과 부분적인 양립 불가능성을 받아들이는 것이고 관용적 태도를 함양하는 것에 그 본질적 특징이 있다. 즉 상호문화교육을 통하여 문화 간 차이점과 공통점을 인식할 수 있는 문화적 감수성 획득, 능동적이고 객관적으로 타문화를 해석할 수 있는 문화적 해석력 신장, 문화 간 다양성을 존중하고 수용할 수 있는 문화적 포용력을 함양할 수 있다.

2) 문화적 자기 이해의 실현

바이럼(Byram)은 문화 간 성공적인 의사소통을 위해서는 효과적인 정보 교환뿐만 아니라 대화자들이 관계를 형성하고 그 관계를 지속할 수 있는가의 여부도 중요하다고 하였다.[71] 그래서 그는 학습자들이 "이종문화 간의 화자"가 되길 제안하는데, 이는 학습자들이 원어민 화자를 모방하는 역할을 하는 것이 아니라 원어민 화자들 간의 의사소통이나 상호작용과는 구별되는 다른 특별한 종류의 의사소통과 상호작용을 통해 사회적 행위자로서 역할을 해야 한다는 것이다. 상호문화의 화자들은 상호문화 상호작용에 그들의 "사회적 정체성"을 가져오게 되며 그 사회적 정체성은 참고자료의 틀을 제공한다. 즉 문화 간 상호작용을 통하여 학습자들은 타문화에 대한 수용뿐만 아니라 그 문화들 사이에 갔다 왔다 할 수 있는 자아 정체성을 형성한다. 이에

---

71 M. Byram, 앞의 책, 3-14쪽, 70-73쪽.

Kim(1997)은 인간성과 연결되는 자기 자신의 인식인 "이종문화적 개인적 특질(개성)"과 "자기 자신이 갖는 문화적 성장 영역 이상의 성장"을 제안한 바 있다.[72] 문화 간 의사소통에서는 이러한 문화적 자기이해 즉 학습자들의 자아 정체성 확인이 필요하다는 것이다.

이처럼 상호문화교육은 나와 다른 문화를 나와 관련된 문화로 인식할 수 있는 교육이며, 그러한 인식을 통해 나를 재발견하는 교육이다. 다른 문화를 나와의 관계 속에서 인지하고 자신이 가치 있다고 판단해왔던 것들에 대해서도 끊임없이 다시 질문할 수 있는 기회를 제공해준다. 이는 문화적 자기이해의 과정에 의미를 부여한다고 볼 수 있는데, 상호문화교육의 출발점은 자기 이해라 할 수 있고 또 결국 자기이해로 완성된다는 것이다.

물고기가 수중환경의 특징을 충분히 파악할 수 없듯이, 그 문화에 처하여 있는 개인과 집단은 그들 문화의 특징을 충분히 파악하지 못한다. 또한 타문화의 관점에서 자기문화에 대한 깊은 이해에 도달하는 것은 중국인 학습자들에게 매우 낯선 경험이다. 그러나 상호문화교육은 학습자로 하여금 타문화의 관점을 통해 자신의 문화를 바라보게 함으로써 자기 이해를 증진시킬 수 있다. 나아가 학습자들은 자문화와 타문화 사이를 오가는 과정을 통해 자기이해와 자문화 재발견이라는 새로운 경험을 겪으면서 자아 정체성 확립과 세계 시민으로서 원활한 문화 간 소통을 이룰 수 있다. 이러한 고유한 자신의 모습을 알아가게 되는 것이야말로 인간의 자기인식 및 성장의 과정이라고도 할 수 있다.

---

72 P. R. Moran, 앞의 책, 163-164쪽.

3) 학습자 중심의 탐구적 문화교육 실현

문화교육에서 학습자 중심을 강조하는 이유는 학습자가 문화 차이를 느끼는 지점과 학습자가 갖고 있는 목표문화에 대한 태도, 정서, 사고가 학습자별로 상이하기 때문에, 학습자가 주도성을 가질 때 이러한 학습자의 태도, 사고 및 상상력이 무시되지 않고 다양한 주체적 반응으로 이어질 수 있기 때문이다.

학습자 중심의 탐구적 문화학습은 과정중심의 경험적 문화학습으로 대변할 수 있다. 문화 교육의 방향에 대해서 김정숙(1997)은 문화교육이 정보 전달 중심에서 과정 중심으로 전환되어야 한다고 밝혔다. 단지 문화 지식을 전달하는 방식은 학습자들에게 목표 문화를 단순히 암기하도록 하여 언어와 문화가 통합되기 어렵게 만들고 문화 이해를 위한 문화적 민감성을 획득하도록 이끄는 데 실패하기 쉽다. 상호문화이해는 교사에 의한 지식 전달이 아닌 학습자가 주체가 되는 학습을 통해, 학습자의 문화와 한국문화의 상호작용 또는 교류와 접촉을 강조하는 과정적 성격을 띠며 문화를 해석하고 의미화하는 학습 주체의 인지 과정을 고려하는 특성을 갖고 있다.

문화는 문화 간 의사소통으로 간주되기도 하는데, 이는 타문화의 구성원과 적절하고 효과적으로 의사소통하는 것, 과제를 수행하고 관계를 이루며 유지시켜 나가는 능력으로 보는 견해이다. 이 능력은 문화 개별적인 것이 아니라 모든 문화에 적응할 수 있는 것이다. 여기에서는 문화를 타문화와 원활하게 의사소통하기 위해서 생각하고 행하고 느끼면서 경험하는 하나의 과정으로 본다.[73] 따라서 문화 간 상호작용과 문화 간 대화를 강조하는 상호문화 학습은 본질적으로 학습자 자신이 능동적으로 탐색하는 과정을 필요로 한다. 상호문화학습은 학습자들로 하여금 문화학습활동에 참여하도록 해서 결과

---

73   P. R. Moran, 앞의 책, 7쪽.

적으로 이를 조직적으로 기술하고 이러한 활동 경험을 분석하게 한다. 이와 같은 탐구적 과정을 통하여 학습자들의 상호문화적 이해와 수용을 돕는다. 상호문화학습은 문화적 차이와 계속 직면하게 하고 탐색하게 하여, 여러 가지 가능한 결과 중 하나에 이르게 한다. 상호문화학습은 문화 간 소통을 성공적으로 달성하기 위해 일련의 학습 경험으로 경험적·과정적으로 조직되는 활동이므로, 상호문화교육을 통해 학습자 중심, 과정 중심, 탐구 중심, 문화 간 커뮤니케이션 중심의 문화교육을 실현할 수 있다.

Ⅲ. 문학작품을 통한 상호문화교육의 양상

　문학작품을 통한 상호문화교육 과정에서 학습자들이 보인 다양한 문화 이해 양상을 앞 부분에서 논의한 상호문화학습의 인지, 해석, 태도형성 과정에 따라 살펴보고자 한다. 상호문화적 '인지'는 학습자들이 문화 내용을 학습자의 마음속에 표상하는 활동이고, '해석'은 인지한 내용에서 의미를 찾아내는 활동이며, 수용 즉 '태도 형성'은 해석에서 찾아낸 의미를 받아들여 수용하는 활동이다. 앞서 논의한 바와 같이 이 책에서는 상호문화적 성격을 자아를 통하여 타자를 바라보고, 타자를 통하여 자아를 보는 것, 문화를 고정된 실체가 아니라 문화 간 상호작용하여 새로 해석되고 의미를 부여할 수 있는 것으로 간주한다. 또한 각 단계의 양상을 상호문화적 성격의 전제하에서 분석하였다.

1. 상호문화적 인지 양상

　문화 간 상호작용과 대화가 시작되는 시점에서 상호문화적 인지에는 상호작용으로 야기된 타문화에 대한 인식과 자문화에 대한 인식이 포함된다.

이 절에서는 학습자들이 자신을 통하여 타문화를 어떻게 지각하는지와 타문화를 통하여 어떻게 자문화를 지각하는지를 살펴보았다.

1) 자문화를 통한 타문화 발견

천과 스타로스타(G. M. Chen & W. J. Starosta)에 의하면, 상호문화적 인식(intercultural awareness)은 문화적 지식에 대한 인지적 이해를 뜻한다. 이에 어떤 문화를 어떻게 인식하는가가 문제가 되는데 본 항에서는 학습자가 자문화를 통하여 타문화의 어떤 면을 인지했는지, 어떻게 인지하는지, 인지 과정에서 어떤 문제점이 있는지를 중심으로 살펴볼 것이다.

(1) 문화 간 공통점과 차이점 발견

이 부분은 학습자들이 중국과 한국의 문화를 비교하여 타문화 인지가 잘 이루어진 양상이다. 학습자들은 자문화를 통한 타문화 인지에서 한국 문화와 중국 문화의 공통점과 차이점을 비교적 쉽게 발견하는 모습을 보였다. 문화 간 공통점의 발견은 학습자들에게 이해와 심리적 거리를 좁혀주고, 차이점은 경험의 다양화에 기여한다. 학습자 측면에서는 직접적 경험을 통한 인지 양상을, 문화적 측면에서는 표층 문화로부터 심층 문화로 인지하는 과정의 양상을 보인다.

① 직접적 경험을 통한 문화 인지

직접적 경험은 학습자가 자국문화권에서 몸소 겪은 문화적 경험을 말한다. 학습자들은 자신의 이러한 경험적 지식을 활성화하여 문화 간 공통점과 차이점을 발견하였다.

다음은 학습자들의 <고향>에 대한 문화 인지 양상이다.

중국에서도 처음 만난 사람한테 친절하게 고향을 묻는 문화가 있다. 특히 고향을 떠나 낯선 곳에서 만난 사람은 이런 경향이 있을 것 같다. 제가 산동대학교에 처음 왔을 때 선배들이 다 길거리에 물건을 팔고 있었다. 어떤 선배는 나랑 이야기했을 때 저의 사투리를 듣고 고향이 어디냐 물었다. 그리고 동반친구중의 나와 같은 고향의 선배를 소개하려고 했다. 그때 저의 학교에 대한 낯설음은 확 풀고 마음이 따뜻해졌다.

【AD-<고향>-H】

이 시를 읽고 밖에 분주하는 사람들은 고향에 그리움을 느꼈어요....제가 고향과 멀리 떨어져 있는 곳에서 대학교에 다녀요. 그런지 고향의 사람들이 당연히 많지 않아요. 근데 학교 밖에 아침을 파는 아주마에게 물어보니 고향 사람이에요. 갑자기 그 아주마와의 사이가 많이 가까워지게 느꼈어요. 그리고 때마다 그 아주마를 생각나면 따뜻한 느낌이 올라와요.

【AD-<고향>-Y】

위 내용을 보면 학습자H는 처음 만난 선배가 고향이 어디냐고 물었던 경험이 있었고 그 고향선배로부터 따뜻한 감정을 느꼈다고 밝혔다. 학습자Y는 학교 밖에 아침을 파는 아줌마한테 고향이 어디냐고 묻고 같은 고향 사람이라는 것을 알고 매우 기뻐하였다는 경험을 기술하였다. 이 학습자들은 작품 <고향>을 읽고 "처음 만난 사람에게 고향이 어디냐고 묻는다.", "고향 사람을 만나면 친밀한 감정을 느낀다."는 부분에서 한국의 문화를 발견하였다. 대부분 고향을 노래하는 시인들은 고향의 아름다운 산천을 그리워하지만, 이 시는 사람을 매개로 고향을 노래한다는 점에서, 사람의 인정과 체취를 쫓아가는 것이 특징적이다.[1] 때문에 이 시에서 한국의 가족애와 지역공동체의식, 한국 현대 사회의 혈연, 지연 속에 담겨 있는 한국 문화의 정서를 더욱

두드러지게 느낄 수 있다. 중국도 한국과 비슷한 집단문화와 지역공동체 문화에 속하기 때문에 중국인 학습자들은 자국에서도 이 작품에서 묘사한 것과 비슷한 상황을 겪어서 문화 간 공통점에 주목하여 타문화를 쉽게 인식할 수 있었다.

같은 맥락에서 다음은 시 <농무> 속 문화 간 공통점을 발견한 내용이다.

> 시 속에서 현상이 박정희 대통령 시기에 경제를 빨리 발전시키기 위해 도시의 발전에 관심을 가지고 농민들이 농촌에서 도시에 진입하는 현상이에요. 중국에도 똑같은 현상이 있어요. 중국도 경제를 발전시키기 위해 도시 건설, 기업 건설을 위해 큰 힘을 썼어요. 농촌에서 어린이와 늙은이들만 남았어요. 어른들에게 농사짓기는 힘들지만 할 수 밖에 없어요. 어린이들이 어렸을 때부터 부모님과 떨어져 살았어요. 다 좀 고생을 먹었어요.
>
> 【CC-농무-M】

이 학습자는 <농무> 속 산업화로 인해 농촌과 농민들의 생활이 파괴되는 현상에 대해 비교적 잘 인식하고 있다. 이 문화부분은 비교적 추상적이고 심층적임에도 불구하고 이 학습자가 쉽게 인지할 수 있는 까닭은 이런 사회 현상이 중국과 매우 비슷하기 때문이고, 또 학습자가 직접 경험하였기 때문이다.

시 <농무>는 1960년대~1970년대 초반 산업화의 여파로 파괴되어 가는 농촌 공동체의 모습을 그들의 놀이인 농무의 신명에서 찾고 있는 시로, 사회적 현실의 변화를 비교적 객관적으로 형상화하고 있는 대표적인 작품이다. 산업화와 근대화의 진행 과정에서 자신들의 삶의 터전을 빼앗겨 가는 농민들

---

1   고형진, 『백석 시 바로 읽기』, 현대문학, 2006, 285쪽.

의 모습을 생생하게 보여 주고 있다. 작품 속에 묘사된 사회문화 현상과 유사한 현상을 중국에서도 찾아볼 수 있다.

중국의 경우도 산업화시대에는 도시민이 우대를 받기 시작하였고 농민들이 농촌을 떠나 도시로 쏟아져 들어오기 시작했다. 이러한 산업화와 시장경제의 진전으로 농촌은 급격한 변화를 보여주었는데, 농촌에서는 이미 공동체적 분위기가 사라져 버리고 늙은이와 아이만 남은 안타까운 상황이다. 그리고 농민공은 농촌을 떠나 도시에서 일하는 중국의 빈곤층 노동자로서 현재 중국의 심각한 사회문제로 야기되고 있다. 따라서 학습자들은 작품 속에 드러난, 도시의 발전으로 쇠락해가는 농촌의 모습에 주목할 수 있었고 특히 농촌 출신 학생들은 이 문화 현상에 대해 더 잘 인지하고 공감하였다.

학습자들의 기술 내용을 보면 비록 명확히 '중국 문화와 … 다르다(같다).' 등의 표현은 없지만 문화 간 공통점에 주목하여 중국의 경우를 언급하면서 타문화를 인지하였다는 것을 보여준다. 또한 이러한 인지는 직접적으로 경험한 배경지식에서 온 것이다. 이는 자문화를 '기점문화'로 설정하는 이유인 '사람들은 자신이 잘 알고 있는 자국의 문화를 통해서만 타인을 이해한다.'는 진술을 뒷받침해준다. 더불어 문학작품 속에 나타난 문화를 인식하기 위해서는 학습자들의 다양한 경험지식과 배경 지식의 도입이 중요하다는 점을 시사한다. 학습자들은 자신의 문화적 경험을 환기하면서 목표 문화에 대해 관심[2]을 보이는 적극적인 태도를 형성할 수 있다.

② 표층문화로부터 심층문화 인지

토마린과 스템프스키(Tomalin & Stempleski)는 '서로 다른 문화 간 인식'

---

[2]　듀이에서 '관심'이란 학습자가 자신의 현재 경험을 토대로 상호작용할 수 있을 만한 경험에 대하여 그것을 추구하려는 정서적 추진력을 말한다. 엄태동, 『존 듀이의 경험과 교육』, 원미사, 2001, 208쪽.

(cross-cultural awareness)이란 언어에 의해서뿐만 아니라 옷이나 몸짓, 얼굴 표정, 거리, 움직임과 같은 비언어적 특징에 의해서 전달되는 일상의 태도와 느낌은 물론 사람들의 생활과 제도, 신념, 가치들을 다루고 있다고 하였다. 문화를 설명할 때 흔히 사용되는 빙산의 그림처럼, 문화는 드러나는 부분과 드러나지 않는 부분, 즉 표층 문화와 심층 문화로 설명될 수 있다. 한 사회 공동체의 언어 행위는 근본적으로 사회·문화적 배경이 되는 가치체계에서 비롯되는데, 상호문화적 상황에서 크게 작용하는 문화는 심층 문화이다. 문화적 인식은 크게 두 가지 층위로 나눌 수 있으며 문화 인식의 높은 수준에 도달한다는 것은 그 문화의 생활과 제도, 신념, 가치까지 인식할 수 있다는 것이다. 학습자들은 문화 간 공통점과 차이점의 인지를 표층 문화로부터 심층 문화로까지 나아가는 모습을 보였다.

이와 관련하여 시 <농무> 수업에 나타난 두 수업 대화에서 그 구체적인 양상을 살펴보기로 한다.

> 교사: 소를 사고파는 시장을 거쳐 소를 죽이는 곳 앞에 와 돌 때(쇠전을 거쳐 도수장 앞에 와 돌 때), 여기서 무엇을 의미할까요?
>
> 학습자L: 제 생각에는 농사가 잘 안 된다는 걸 보여줘요. 농촌에서 농사를 할 때 소가 제일 큰 작용을 하잖아요. 하지만 농사가 잘 안되니 소가 필요 없고 또 농사가 잘 안 되니 소마저도 팔아야 해요.
>
> 학습자Q: 중국에서도 농촌에서는 소가 가장 중요해요. 또한 소가 부의 상징이기도 해요. 뭘 팔아도 보통 소는 팔지 않아요. 가장 필요하고 가장 소중한 것이니깐요. 근데 여기서 소를 팔고 소를 죽이는 곳. 이렇게 나오는 것 보면 당시 농촌의 비참한 현실을 알 수 있어요.

위의 학습자들은 '쇠전과 도수장은 소를 사고파는 시장과 소를 죽이는 곳'이라는 구절의 의미를 파악하면서 해당 부분이 농촌의 비참한 현실을 보여준다고 지적하였다. 농촌에서 소는 일반적으로 비옥과 힘의 상징이자 농촌에서 농사를 지을 때 꼭 필요한 것이며, 집안의 큰 재산이기도 하다. 학습자들은 소와 관련된 이러한 상징적 의미를 잘 파악하고 있는데 이는 중국에서도 소가 똑같은 상징을 하고 있기 때문이다. 중국과 한국은 모두 기나긴 농경사회를 거치면서 농촌의 발전은 국가의 발전과 함께 하였고 농촌에서 소가 갖는 의미는 거의 비슷하였다. 학습자들은 이러한 소의 문화적 상징을 인식하면서 당시 소가 더 이상 무의미하게 된 농촌의 슬픈 사회현실까지 파악하는 모습을 보였다. 이는 표층적 문화요소인 소라는 문화적 산물로부터 그 속에 내재된 사회문화까지 인지한 내용이다.

> 교사: 이 부분에 대해서 여러분은 지금 어떤 느낌을 받았어요?
>
> 학습자A: 슬퍼요~
>
> 교사: 어느 부분에서 슬픈 감정을 느꼈어요?
>
> 학습자A: 텅 빈 운동장... 술
>
> 학습자H: 분이 얼룩진 얼굴로.. 왜냐면 보통 예술을 하는 사람 얼굴에 분을 많이 바르고 화장을 진하게 하잖아요. 근데 공연이 끝나고 땀을 많이 흘리면 얼굴에 화장이 얼룩져요(髶妆). 특히 경극을 하는 사람이나 扮小丑(클라운)하는 사람들이 공연이 끝나고 슬퍼서 울거나 하면 화장이 다 지워지고 범벅이되요. 전 이 구절 읽으면서 霸王別姬(패왕별희) 생각났어요. 그런 모습 생각하면 너무 슬퍼요.
>
> (생략)
>
> 학습자L: 영화랑 비슷한 것 같아요. 작가는 이런 상황에 대해 답답한 마음을 말하고 싶다고 생각해요. 그리고 그 계속 변하고 있는 사회에서 우리는 풍습이 같은 근본적인 것을 잊지 말라고 해요.

위 <농무>의 수업대화를 보면 학습자A와 학습자H는 텅 빈 운동장과 분이 얼룩진 얼굴이라는 구절에서 슬픈 감정을 느꼈다고 하였다. 학습자들은 텅 빈 운동장과 분이 얼룩진 얼굴의 시각적 이미지를 상상하면서 슬픈 감정을 느낀 것이다. 학습자H는 경극을 하는 사람이나 클라운 등 예술과 공연을 하는 사람들의 이미지를 떠올리면서 공연이 끝난 후 화장이 얼룩 진 얼굴은 슬픈 감정을 표현할 수 있다고 하였다. 보통 경극이나 클라운을 하는 사람들이 다른 예술을 하는 사람보다 화장을 진하게 하는 경향이 있어, 땀과 눈물이 섞여 화장이 얼룩지기 쉬운 편이기 때문이다. 또한 이 학습자는 중국의 전통 희극인 경극의 이야기를 담은 영화 <霸王別姬(패왕별희)>[3]를 떠올리면서 영화 속에서 보았던 경극을 하는 사람들의 눈물로 섞인 얼룩진 화장과 전통문화인 경극의 상실에 주목하여 문화 간 공통점을 확인하였다. 학습자는 기존의 자국문화의 배경지식을 생각하면서 시적 정서를 느끼고 타자의 얼굴 표정, 몸짓 등에 대한 인지로부터 농촌의 전통문화 상실이라는 심층문화의 한 단면까지 포착하였다.

자문화를 통한 타문화 발견의 양상을 보면, 대체적으로 학습자들은 타문화권 사람들의 행동이나 산물로부터 그 속에 내재한 심층적 의미체계를 유추하거나 인식하려는 시도를 하고 있다. 사모바와 포터(Samovar & Porter)는 문화를 이해하려면 문화의 심층구조를 알아야 한다고 주장하는데, 바로 이 문화심층구조들은 문화들이 서로 '어떻게' 그리고 '왜' 다른가에 대한 중요한 단서를 제공하기 때문이다.[4] 하지만 이러한 문화의 심층구조를 이해하려면

---

3   이 영화는 경극(京劇)의 고향인 베이징(北京)을 무대로, 1924년 군벌 시대, 1937년 일본군 점령, 1945년 국민당 정권 성립, 1949년 중국 공산당 해방, 1966년 문화대혁명을 거친 중국의 근대사 기간 동안 패왕별희(霸王別姬)라는 경극만을 위해 일생을 바쳐 온 두 경극배우가 시대의 흐름 속에 맞는 비극적인 운명과 인간관계를 섬세히 묘사한 작품입니다. 영화 속에 눈물로 섞여 화장이 뒤범벅이 된 장면, 그리고 전통문화인 경극이 문화대혁명에 의해 진압되고 상실되어 가는 비극의 과정을 그렸다.

문화 요소들 간의 관련짓기가 필요하다. 학습자들의 문화 인지 양상을 보면 대부분 심층문화를 직접적으로 인지하는 것보다는 그 표면에 드러난 문화 요소를 통해 가깝게 접근하는 모습을 보였다. 문화는 총체적인 접근에서 바라보아야 하는데 즉 가시적인 문화와 함께 사람들이 공유해 온 가치관과 방식을 파악하고, 실제 표면적으로 드러나는 행위와의 연계 선상에서 보는 총체적인 관점을 취할 수 있어야 한다.

문화의 범주를 크게 성취문화, 행동문화, 관념문화로 나누어 볼 때 각 범주들은 밀접하게 관련되어 있고 상호 관련성 속에 존재한다. 이들 관계를 보면 관념 문화를 바탕으로 성취문화와 행동문화가 발생하고, 이러한 성취문화와 행동문화가 다시 관념 문화에 영향을 미친다. 즉 가시적 결과로서의 행동문화(언어적 행위와 비언어적 행위)와 유형, 무형의 성취문화(문화유산, 예술 등)의 저변에는 그러한 문화를 형성할 수 있도록 작용하는 비가시적인 관념문화(사고방식, 가치관, 종교 등)가 내재해 있다. 비가시적인 관념문화를 일차적으로 인지하는 것은 어려울 수 있으므로, 잘 드러나 있는 성취문화와 행동문화에 대한 인지로부터 시작하여 유추하고 탐구해가야 한다.

(2) 자문화 '당연시'와 타문화 '단순 지각'

문화는 한 개인이 생활하는 양식이면서 어렸을 때부터 가정과 사회에서 주입되고 학습된 것이다. 이러한 환경에서 성장한 문화권의 구성원은 자신이 흡수한 문화를 당연시하고 다른 문화를 인식하지 못하는 경우가 많다. 자문

---

4   문화의 심층구조는 크게 3가지를 이루며 다음과 같다. 첫째. 세계관에 대한 것이다. 신관, 인성, 자연, 인생의 의미, 도덕과 윤리관 등이 포함된다. 둘째, 가족에 관한 것이다. 성 역할, 나이, 공동체, 사회에 대한 관념 등이 포함된다. 마지막으로 역사적인 부분에 그 문화권의 역사, 지리적인 위치, 면적, 기후, 자연자원 등이다. L. Samovar·R. Porter, 앞의 책, 118-189쪽.

화 '당연시'는 자문화를 정확히 인지하지 못하는 것으로, 예를 들면 자문화를 어느 정도 알고 있는지, 알고 있는 자문화가 정확한 것인지를 모르고 있거나, 알고 있는 것을 자문화의 일부분으로 간주하는 상태를 말한다. 이로 인해 자문화와 비교가 이루어지지 못하면서 타문화에 대한 '단순 지각' 현상이 나타난다. 타문화 '단순 지각'은 자문화와 상호작용하여 인지적 체계에서 타문화와 자문화를 정확히 분리해내는 것이 아니라 그냥 단순한 '느낌 지각' 과 '근거 없는 지각'이다. 이 문제점을 중심으로 살펴보면 다음과 같다.

아래는 시 <농무> 수업에 나타난 학습자들의 반응이다.

> 교사: 중국에도 농무와 비슷한 춤이 있을까요?
>
> 학습자Y: 秧歌와 비슷한 것 같아요.
>
> 교사: 어떤 면에서 비슷하나요?
>
> 학습자: (침묵)
>
> 교사: 잘 모르겠어요?
>
> 학습자Y: 네~ 비슷한 면이 있어요. 근데 秧歌에 대해 잘 모르겠어요.

위 수업대화는 타문화 인지 단계에서의 대화 자료이다. 교사의 질문에 이 학습자는 농무와 중국의 앙가(秧歌)와 비슷하다고[5] 하였지만 구체적으로

---

5   秧歌도 과거에는 농촌에서 풍작을 이루길 기원하는 춤으로서 문화적 의미에서는 비슷한 면을 가지고 있다. 또한 농무와 秧歌가 모두 악기를 이용하여 춤을 추는 것에 주목하여 의미적 공통점을 찾을 수 있다. 秧歌와 농악은 각각 고대 중국과 한국의 농경문화의 산물로 서 유구한 역사를 지니고 있으며, 희극의 발전에 있어서 각기 일정한 역할을 하고 있다. 또한 이들 秧歌과 농악은 비록 국적을 달리하고 있지만 그 기원과 공연형식 및 성격에 있어서 많은 유사성을 지니고 있다. 김광영, 「秧歌와 農樂 비교연구: 그 起源을 중심으로」, 『중국인문과학』 제32호, 중국인문학회, 2006, 285쪽.
    물론 현재 중국과 한국에서 각기 보여 지는 秧歌와 농악의 모습은 상당한 차이점이 존재한다. 秧歌는 지금 중국인들의 건강을 위한 무도형식으로 자리 잡고 있고, 농악은 사물놀이로까지

비슷한 원인에 대해서는 언급하지 못하였다. 이는 학습자가 앙가(秧歌)에 대해 표층적인 이해만 가졌을 뿐 앙가라는 자문화에 대해 익숙하지 않기 때문이다. 따라서 자문화에 대한 이해 부족으로 문화 간 더 활발한 상호작용이 일어날 수 없었고 타문화에 대한 올바른 이해에도 도달할 수 없었다.

다음은 소설 <빈처> 속 문화 인지에서 나타난 문제점이다.

> 교사: 왜 이 소설을 읽으면서 한국의 '애인'의 뜻과 중국에서의 '애인'이라는
> 뜻이 다르다는 것을 발견하지 못했어요?
> 학습자[FI-빈처-Z1]: 전 뭐. 그냥 이런 어휘는 중국으로 직접 번역해서....처음
> 부터 뜻이 비슷하다고 생각하고 그냥 넘어갔어요.

연구자는 수업 시간에 학습자들이 작품 속 '애인'이라는 문화요소에 대해 어떻게 인지하는가를 관찰해 보고자 하였다. 그러나 작품에 '애인'의 의미가 구체적인 상황을 통하여 잘 드러나 있음에도 불구하고 학습자들은 주체적으로 이 문화적 요소가 중국과 다르다는 것을 발견하지 못했다. 수업 후 교사와의 면담에서 '왜 다르다는 것을 발견하지 못하였는가?' 질문에 어떤 학습자는 '꼼꼼히 읽지 않았다.', '깊게 생각하지 않았다.'는 이유를 밝혔고 그 중 많은 학습자들은 '뜻이 비슷할 줄 알아서 그냥 넘어갔다. 깊게 생각하지 않았다.'라는 반응을 보였다.

중국의 사전에서 '애인'의 정의를 살펴보면 남편과 아내라는 뜻으로 보통 제3자에게 자신의 아내나 남편을 소개할 때 '저의 애인입니다.'하는 경우에서 많이 쓰인다.[6] 사실 문화교육에서 '애인'과 같은 이런 문화적 어휘는 교사

변화하고 있다. 그러나 조금만 시대를 거슬러 올라가 보면 秧歌와 농악은 많은 유사성을 보여주기 때문에 비록 이 두 문화가 형식적 측면에서는 서로 다르게 나타나지만 비슷한 의미를 갖고 있어서 이 두 가지 문화를 비교하여 인식하면서 문화 간 차이점에 대해 알 수 있다.

가 학습자에게 직접 뜻을 전달해주거나 각주로 달아줄 수 있다. 하지만 상호
문화교육에서는 문화를 능력의 관점에서 볼 때 표면상 비슷하지만 내용상
다른 뜻[7]을 가지고 있는 문화를 인지하고 식별할 수 있는 문화 간 감수성이
필요하다. 특히 가속화되는 지구화로 세계는 점점 가까워지고 삶의 모습도
비슷해져 간다. 하지만 상호문화학습에서는 특정한 행위의 의미가 어느 집단
이나 비슷할 것이라는 가정을 버리고 엇비슷한 문화 표층 아래에 놓여 있는
차이점을 인식하고 이것이 다른 문화의 구성원에게 어떤 의미를 지니는지
생각해 볼 필요가 있다.

아래 학습자들의 면담내용에서도 문제점을 찾아볼 수 있다.

> 무엇이 문화이고 무엇이 중국 문화인지 잘 몰랐다. 중국문화에 익숙하지 않
> 다. 나중에 선생님 설명 듣고 알 것 같았다. 내가 겪었거나 알고 있었던 것이
> 중국문화의 일부분이다. (생략) 저는 중국 문화나 한국문화에 대해 관심이 많아
> 서 더 공부하고 싶다.
>
> 【FI-<고향>-J】

---

6   중국에서 '애인'은 일상생활에서도 '결혼한 사이'의 뜻으로 많이 사용되나, 또한 정인(情人)
과 연인(恋人)－연애 중, 미혼의 연인 사이－이라는 뜻을 지니고 있다. 하지만 대부분 학습
자는 애인을 결혼한 사이라고 생각하고, 연인이라는 뜻도 가지고 있다는 것에 대해서는
거의 모르고 있었다.

7   스톨제(Stolze)는 문화적 차이에서 나타나는 문화소의 부등성을 실제적 부등성, 형식적 부
등성, 의미적 부등성 세 종류로 분류하였다. 실제적 부등성은 자국 문화권에 존재하지 않는
목표 문화권의 문화소이며 형식적 부등성은 자국 문화권에 존재하는 문화소이지만 목표
문화권에서는 다른 언어적 형태로 나타나는 문화소이며 의미적 부등성은 목표 문화와 자국
문화에서 같은 언어적 형태로 나타나지만 의미가 다른 문화소이다. 따라서 문화적 차이점
에 대해서 교사가 목표문화와 자국문화의 체제 내에서 어떤 기능과 의미를 갖는가를 충분
히 설명할 수 있어야 한다. 이선이, 「문화인식과 문화교육」, 『언어와 문화』 3-1, 한국언어문
화학회, 2007.

저는 중국문화와 비교하여 공통점과 차이점을 찾기 너무 힘들었다. 일단 어떤 것이 문화인지 몰랐고 '뭐 비슷하다'고는 느꼈는데 어떤 기준에서 비슷한 거지 잘 몰랐다.

【FI-<고향>-Y】

위 내용은 수업 후 '어떤 부분이 어려웠는가?'라는 질문에 대한 학습자들의 답변들이다. 이 두 학습자는 문화와 중국 문화에 대해 잘 모른다고 답하였는데, 특히 학습자Y는 공통점은 느꼈으나 어떤 문화적 기준에서 이루어졌는지 잘 모르겠다는 타문화에 대한 '느낌 지각'의 모습을 보였다.

자신으로부터 타자를 발견하는 과정에서 대부분 학습자들은 자국에도 비슷한 현상이 존재하거나 자국과 다르다는 것을 느낄 수 있었다. 이는 학습자들이 자국 문화를 기점문화로 삼아 타문화에 대한 이해를 시도하였기 때문이다. 하지만 학습자들은 자신이 가지고 있는 경험이나 문화지식을 자문화의 일부분이라고는 생각하지 못하고 있다. 이는 문화의 범위가 광범위할 뿐만 아니라 중국인 학습자들이 거의 자국 문화 교육을 체계적으로 받아본 경험이 없어서 문화의 요소와 범주에 대해 익숙하지 않기 때문이다. 하지만 자신의 자국 문화를 범주화하는 함축적인 기준을 이해할수록 학습자는 외국 문화에 고유하게 내재되어 있는 세계를 인식하는 데 이를 적용할 수 있기 때문에 자기 확신의 상대성 감각을 개발한다는 차원에서 필요한 것이다.[8]

자문화를 통해 타문화를 발견하고 분류하는 필요성을 아래에서도 확인할 수 있다.[9]

---

8   Maddalena De Carlo, 앞의 책, 55쪽.
9   대부분의 학습자들이 '한국은…이렇다'라고 생각하고 있다.

> - 의아하지 않다. 드라마를 통해 봤는데 한국남자는 원래 가부장적이다.
> - 한국 교수님이 남자인데 집에서 집안일을 거의 하지 않고 아내 혼자 한다고 하였어요.
> - IMF때 금모으기 활동을 통해 한국은 애국심이 강하고 집단적인 것 같다. 중국에서는 절대 일어날 수 없는 일이다.
> - 우리 학교 한국 유학생들을 보면 거의 비슷한 스타일을 하고 다닌다. 한국은 개성보다는 똑같은 것을 좋아한다. (옷이 다 비슷하고 머리 스타일도 비슷하고 성형수술하면 다 똑같은 얼굴을 성형하는 경향이 있습니다.)

위 내용은 수업 전 연구자가 학습자들의 한국에 대한 고정관념을 살펴본 것이다. 한국 사회에 대해 직접적으로 경험해보지 못한 중국인 학습자들은 간접적 경험을 통해 한국 문화에 대한 지식을 고정관념으로 각인시킨 경우도 많았다.[10] 고정관념의 형성원인의 다음과 같다. 첫째, 고정관념은 부모, 친척, 그리고 친구로부터 형성된다. 둘째, 고정관념은 제한된 개인적 접촉을 통해 발전한다. 셋째, 고정관념들은 매스 미디어에 의해서 제공된다. 넷째, 고정관념은 우리와 다른 집단에 속한 사람들에 대한 두려움에서 발전한다. 즉 대부분의 고정관념은 간접적으로 형성된 결과이다. 위의 학습자들이 한국에 대해 지니고 있는 고정관념을 보아도 대부분 매체나 주위 사람을 통해서, 혹은 단편적인 일부분만 보고 이루어진 것이다. 고정관념은 자문화와의 비교가 이루어지지 않은 상태에서 학습자들이 문화 간 차이에 대해 일방적으로 사회적 범주화한 결과[11]로서 문화 간 의사소통에서 부정적인 영향을 미친다. 이에 자국 문화와의 상호작용이 필요한데 자국의 고유한 문화를 바로 이해해야 타문화를 객관적으로 파악할 수 있으며 정체성이 바로 서 있어야 상대성

---

10   L. Samovar·R. Porter, 앞의 책, 399-400쪽.

11   Jennifer Kerzil·Geneviève Vinsonneau, 앞의 책, 29-33쪽.

감각을 개발할 수 있을 뿐 아니라 이를 통해 타문화에 대해 객관적으로 받아들일 수 있다. 물론 고정관념이 상호문화학습 과정에서 변화될 수도 있지만, 고정관념이 가지고 있는 지속성[12]을 고려할 때 첫 단계부터 확인하고 나아가는 것이 중요하다.

2) 타문화를 통한 자문화의 재발견

상호문화적 접근에서는 자신과 관계 짓기를 시도하기 때문에 타문화에 대해 지각할 뿐만 아니라 자문화에 대한 재발견도 이루어진다.

아래는 시 <농무> 수업에서 나타난 자문화 재발견 양상이다.

> 교사: 그럼 중국에는 이런 비슷한 문화가 있어요?
> 학습자Q: 있기는 있어요. 근데 잘 모르겠어요.
> 학습자L-1: 생각이 안나요.
> 학습자X: 장례식. 슬픔을 얘기할 때. 이런 것, 장례식에서 그런 것 있어요.
>   노래를 하면서⋯ 돌아 간 사람을 이렇게 신나게 보내줘요.
> 교사: 중국에 그래요?
> 학습자X: 우리 고향에 이렇게 해요.
> 교사: 장례문화죠. 중국에서도 지역마다 갖고 있는 장례문화가 다르게 나타나죠.
> 학습자Q: 전 잘 모르겠어요. 우린 그냥 울어요~

---

12 고정관념은 종종 '진실'로 잘못 알게 될 때까지 고정관념의 대상에 대한 믿음을 반복하고 강화시킨다는 점에서 문화 간 커뮤니케이션을 방해하는 경향이 있다. 고정관념은 "자기 달성적 예언"으로 이바지 할 수 있다. 사람은 자신의 기대를 확실히 하는 행동(그 행동이 없을 때라도)을 확인하는 경향이 있다. L. Samovar·R. Porter, 앞의 책, 402쪽.

교사: 우는 것이 대부분이죠. 고향이 어디에요?

학습자(CT-X): 호북성 형주시(湖北荊州)의 어느 지역요. 3밤동안 사람들이 노래도 하고 북도 치고 그래요.

학습자Q: 진짜요?

학습자(CT-X): 응. 죽은 사람을 보내고, 가족들이 크게 울 수 있는 시간도 주어져요. 한바탕 울고 나서 사람들은 또 북도 치고 그래요. 근데 이런 사례 다른데도 있다는 것 들어본 적 같아요.

학습자들은 시 <농무>에 나타난 울분을 흥으로 해소하는 신명문화에 대해 접근하면서 중국 문화에도 비슷한 문화가 있는지에 대해 생각해보았다. 많은 학습자들이 비슷한 문화가 있는 것 같기는 하나, 잘 모르겠다는 반응을 보였다. 그런데 이 중 학습자X는 자신의 고향에서는 장례식 때 사흘에 걸쳐 사람을 불러와 노래도 하고 북도 치면서 떠들썩하게 치른다는 예를 들어, 중국의 장례문화에도 울분을 흥으로 해소하는 측면이 있음을 밝혔다. 학습자X의 대답에 다른 학습자들은 다소 의아한 모습을 보였는데 이는 다른 학습자들도 이러한 중국의 장례식 문화가 생소하고 처음 들어보는 것이기 때문이다. 예전이나 지금이나 중국의 장례식 문화는 죽은 사람을 보내기 위해 크게 울어주는 것이 보편적인 현상이기 때문이다. 이 학습자의 고향은 호북성 형주시(湖北荊州)인데 형주(荊州)는 초나라 문화의 발상지이며 초나라의 전통 문화가 보존되어 있는 곳이다. 이 지역의 장례식 문화는 다른 지역과 달리 독특성을 가지고 있다. 장례식 중 정영(停灵)단계는 일반적으로 3~5일에 걸쳐 진행되며 이 기간에 전문적인 사람을 찾아 연극도 하고 노래도 부르며 떠들썩하게 보낸다. 이런 장례식 문화는 도시화 발전으로 인해 부분적으로 사라지기도 하였지만 농촌이나 작은 도시에는 여전히 보존되고 있다. 학습자들은 타문화를 이해하는 과정 속에서 평소 익숙하지 않았던 자문화를 재발견하는 모습을 보였다.

학습자들은 울분을 흥으로 해소하는 타문화에 접근하면서 중국의 장례식 문화를 발견하였으며 나아가 중국 장례식 문화를 통하여 다시 한국 장례식 문화에 접근할 수 있다. 이처럼 상호문화적 접근을 통한 문화이해는 타문화를 통하여 자문화를 발견하고 또 발견한 자문화를 통하여 타문화를 발견하는 순환적인 과정을 겪을 수 있다.

다음은 <빈처> 수업에서 이루어진 학습자들의 토론 내용이다.

> 학습자N: 여자는 직장생활이 없고 집안일을 하고 남편은 전혀 가입하지 않고 직장에만 있는 상황이에요. 이것은 중국과 많이 달라요. 중국에는 보통 가정주부가 적을뿐더러 남편이 같이 해요.
>
> 학습자X: 한국은 남녀 불평등 현상이 심한 것 같아요.
>
> 학습자: (고개 끄덕).
>
> 학습자N: 맞아요. 중국은 남녀평등이 잘 이루어졌어요.
>
> 학습자Z: 사실 중국에도 여자를 무시하는 경우가 있어요. 남자와 여자의 지위가 평등하지 않아요.
>
> 교사: 어떤 면에서 평등하지 않아요?
>
> 학습자Z: 취직할 때도 여자보다 남자를 더 선호해요.
>
> 교사: 다 그렇다고 생각해요?
>
> 학습자C: 그런 것 같아요~여자들이 사회에서 일하기 더 힘들어요.
>
> 학습자(전체): 웃음
>
> 학습자J: 그건 아니에요. 남자들이 더 힘들어요. 남자보다는 여자에 대한 배려나 대우가 더 좋아요. 저는 사회에서 여자가 남자보다 지위가 더 높은 것 같아요. 요즘 CEO나 높은 자리에 여성이 더 많아요.

소설 <빈처>에서는 남자와 여자의 성역할 관계와 남녀평등 등 문제가 구체적인 상황과 행동을 통하여 잘 드러나고 있다. 학습자들은 이 문제에 대해 토론하면서 자국 문화의 남녀 역할 관계와 지위관계에 대해 관심을 보였다. 학습자N을 포함한 많은 학습자들은 중국 가정에서 가사일이나 사회 취직 등 문제에서 남녀가 함께 부담하고 각각 그 역할을 맡는다는 것에 대해서는 공통된 의견을 보였다. 하지만 남녀평등 문제에서 학습자들은 다소 다른 의견을 보였는데 학습자Z와 학습자C는 사회에서 취직할 때나 일할 때 남녀에게 주어지는 권리나 대우가 평등하지 않다고 하였으며, 특히 학습자J 같은 경우 사회에서 여성 우월중심으로 여자에 대한 대우와 배려가 더 좋다는 의견을 밝혔다.

수업 토론의 분위기를 보면 학습자들은 <빈처>에서 보여주는 남녀 성역할 문제에 대해 비판적으로 바라보면서 이를 중국의 문화와 비교하여 중국은 남성이 가사일을 함께 하고 여성은 대부분 직장일을 한다고 지적하면서 중국에서는 남녀가 평등하다는 비슷한 관점을 보유하고 있었다. 하지만 사회에서 여전히 남녀 불평등 현상이 존재한다고 한 학습자의 발언은 다른 학습자들의 생각에 전환을 가져왔다. 이러한 자문화의 재발견은 타문화를 통하여 평상시에 학습자들이 생각해보지 못했던 자국 문화를 돌아볼 수 있는 기회였으며, 중국 문화를 보다 객관적으로 이해하도록 하여 자문화 중심의 틀에서 벗어날 수 있는 계기를 마련해 줄 수 있다.

학습자들이 타문화를 통하여 자문화에 대해 주목하는 양상을 살펴보면, 발견한 자문화에 대해 익숙하지 않거나 기존에 생각해보지 못했던 경우가 대부분이다. 또한 자문화에 대한 배경지식도 학습자들마다 달랐는데, 중국은 광활한 영토와 다양한 민족으로 인해 지역이나 민족에 따라 각기 다른 문화적 특성을 지니고 있기 때문이다. 따라서 자문화의 배경지식을 활성화하거나 보충하는 것이 필요하다. 또한 교사는 수업 시간에 학습자들에게 자국 문화에 대해 토론하고 탐구할 기회를 충분히 제공해야 한다.

2. 상호문화적 해석 양상

상호문화학습의 목표가 문화 다양성의 인정과 존중이라는 점에서 상호문
화적 해석은 타자 혹은 타문화의 이해에 대한 경계를 인정하면서도 상호
간의 문화를 접합하는 하나의 과정으로 규정된다. 문화 간 대화를 강조하는
맥락에서 문화에 대한 해석은 올바른 문화 이해의 길로 나아가는 과정이라
할 수 있다. 본 절에서는 상호문화적 해석을 주체적 해석을 통한 타문화
재구성, 내부자 시각에 입각한 관점의 전환, 범문화적 접근을 통한 상대성
이해로 나누어 살펴보고자 한다.

1) 주체적 해석을 통한 타문화 재구성

주체적 해석을 통하여 타문화를 재구성하는 것은 학습자들이 자신으로부
터 출발하여 타자를 바라보는 것이다. 학습자들은 타문화에 대해 무조건
이해하고 받아들이는 것이 아니라 학습자 자신의 주체적 관점을 통하여 타문
화를 재구성한다. 이때 주체를 강조한다는 것은 중국 문화와 한국 문화의
상호작용을 강조한다는 것을 의미하며 타문화에 대한 이해는 상호문화적
관점에서 이루어진 것이다. 주체적[13] 출발은 타문화를 다양하게 해석하게
하는데, 이때 개인은 더 이상 문화의 산물이 아니라 그 주체이자 생산자이며

---

13 그렇지만 주체에게 우선권을 준다고 해서 개인주의나 이기주의로 돌아가는 것을 의미하지
   는 않는다. 주체를 인정하는 것이 반드시 한 특정 주체에만 초점을 맞추는 개인주의로 연결
   되지는 않기 때문이다. Martine Abdallah Pretceille, 앞의 책, 72쪽.

행위자에 해당한다. 이런 관점에서 볼 때 문화는 단지 규범이나 기호가 아니라 징후이며 문화적 사실은 분석 내에서만 의미를 가지고 문화적 특성은 기호학적 차원으로 열려 있으며 조정될 수 있는 것이다.[14] 학습자들은 주체적으로 중국 문화와 한국 문화에 대한 배경 지식 활용, 상상을 통한 문화적 빈자리 채우기 등의 방식을 통해 타문화에 대해 다양한 해석을 만들어냈다.

다음은 <농무>에 나타난 신명문화에 대해 의미를 재구성하는 양상이다.

> 학습자M: 왜 신명이 난다고 해요?
>
> 교사: 왜서 그럴까요? 여러분이 한번 해석해보세요~
>
> 학습자N-1: 마지막 세 줄요?
>
> 교사: 네~
>
> 학습자M: 반항이에요? 아님?
>
> 학습자N-1: 반어적인 풍자에요? 그 반어적인 형식으로 어쩔 수 없는 일에 대하여 이렇게 신난 장면으로 묘사하는 거요. 사실은 당시의 그러한 현상에 대해 풍자하는 것이에요. 방법없이.
>
> 교사: 네~ 그럴 가능성도 있죠. 왜 그렇게 생각해요?
>
> 학습자N-1: 보통 문학작품은 이런 반어적인 풍자의 기법으로 많이 쓰잖아요. 사실 안 좋은 일인데, 멋지게 써요, 死水(사수)작품처럼요 . 死水이 시처럼, 비록 색깔을 매우 알록달록하게 묘사했지만, 사실 그 물은 매우 흐리고, 더러운 물이었어요. 이러한 반어적인 풍자법요. 제 생각에는 이것도 그런 것 같아요.
>
> (생략)
>
> 학습자P: 그냥 슬프기 때문에 춤으로 해소하는 것일 수도 있어요.

---

14   위의 책, 25쪽.

학습자N-1: 저 또 하나 생각났는데요. 혹시 그런 충경(憧憬, 동경). 미래에
　　　　 우리의 생활이 더 좋아질거야. 그런 충경(동경)을 가지고 이렇게
　　　　 춤을 추는거에요?

　위 양상은 학습자들이 <농무>에 나타난 신명문화에 대해 자신의 경험적
지식을 통하여 주체적으로 해석해 나가면서 신명문화를 다양한 측면에서
바라보고 그 의미를 구성하는 모습이다. 학습자N-1은 농민들이 사실 진짜
기뻐서 춤추는 것이 아니라 다만 반어적인 풍자적 수법으로 이러한 슬픈
상황에 대해 풍자하는 것이라고 하면서, 중국문학작품 사수(死水)에 나타난
반어적인 풍자적 기법을 예로 들어 해석을 구성하였다. 학습자P는 이러한
현상은 농민들이 춤으로 슬픔을 해소하는 것이라고 생각하였다. 앞서 농민들
의 상황을 풍자적인 것이라 해석했던 학습자N-1은 농무로 표현되는 흥이
농민들의 상황이 앞으로 좋아질 거라는 희망과 동경으로 볼 수 있다는 또
다른 해석을 하였다.
　시 <농무>는 산업화 시대에 소외된 농민들의 한과 울분, 암담한 현실에
대한 분노와 소외된 농민들의 한을 표현하였다. 이 시에서는 놀이의 분위기
가 작품을 가득 채우고 있지만 그 놀이는 즐거움으로 충만한 것이 아니라
분풀이의 성격을 띠고 있다. 이 시의 마지막 부분을 보면 농무를 추고 있노라
니 신명이 난다고 했다. 그것은 앞에 제시된 비탄과 울분의 분위기로 볼
때, 역설적인 것이다. 신명을 느끼는 사람은 단순히 기쁜 감정이 아닌 복합적
인 감정을 경험한다. 여기에서 일회적으로 발생하는 좋은 일뿐 아니라 자신
의 가치가 개입된 사연, 곧 한이 얽혀 있기 때문이다.[15] '신명'은 흥분과 감격
을 불러일으키고, 잠재적인 능력을 분출시키는 한국인의 역동적인 힘이다.

15　한민·한성열, 『신명의 심리학』, 21세기북스, 2009, 58쪽.

특히 신명과 함께 자주 언급되는 정서는 신명의 반대 개념이자 그 원동력으로 간주되는 '한'이다. 한국의 대표 정서인 '한'은 설명할 수 없는 복합적인 면이 있고 추상적이라는 점이 특징이다.

신명 문화는 학습자들이 이해하기 힘든 문화 부분임에도 불구하고 학습자들은 자신의 경험적 지식을 가지고 능동적으로 타문화를 다양하게 해석하였다. 대부분의 학습자들은 '신명이 난다'를 진짜 흥이 난다는 뜻으로 이해하지 않고 그 속에 담긴 역설적인 상황을 잘 이해하고 있었으며 학습자N-1 같은 경우 작품 속 문화적 상황을 통하여 '신명'을 한국인의 역동적인 힘으로 해석하고 있다. 하지만 문화의 개별적인 사실들 밑에 깔린 해당 문화의 가치관과 태도 등은 비가시적이므로 해석에 주관성이 부여될 수 있기 때문에 해석의 다양성이 인정되어야 한다는 점을 고려하더라도, 올바른 해석을 그 바탕에 두어야한다는 점은 유의해야 한다.

> 그러면 아무개 씰 아느냐 한즉 / 의원은 빙긋이 웃음을 띠고 / 막역지간이라며 수염을 쓴다 / 나는 아버지로 섬기는 이라 한즉 / **의원은 또 다시 넌지시 웃고 / 말없이 팔을 잡아 맥을 보는데 / 손길은 따스하고 부드러워** / 고향도 아버지도 아버지의 친구도 다 있었다.
>
> ─<고향> 중 발췌

위 인용문은 시 <고향>의 마지막 부분이다. 인지 단계에서 학습자들은 시 '고향'을 읽고 아버지의 친구라는 것을 알게 되면 반가워서 서로 이야기를 나누기 마련인데 아무 말 없이 다시 맥을 잡는 문화적 행동에 의문을 제기하면서 이 부분에 주목하는 모습을 보였다. 연구자는 학습자들이 제기한 문제점의 원인에 대해 토론하는 시간을 가졌는데 학습자들은 다음과 같이 다양한 해석을 통하여 이 문화적 행동에 대해 의미를 부여하고 행동을 규정하는 의미체계를 탐구하고 재구성하는 모습을 보였다.

> 저는 이해할 수 있어요. 굳이 말을 하지 않아도 그 반가운 감정은 느낄 수
> 있을 것 같아요. 특히 맥을 잡았는데 손길을 통하여 그 감정이 전달되었다고
> 저는 생각해요.
>
> 【AD-2-J1】

> 글쎄요~ 저는 이런 경우를 겪어보지 못해서요. 만약 저라면 의원이 말씀이
> 없으시면 다시 물어봤을 것 같아요. 어떻게 막역지간 사이였는지. 반가워서
> 궁금한 것 못 참아요.
>
> 【CC-2-W】

> 이 시에서 의원에 대한 묘사를 보면 여래 같은 상과 관공의 수염을 가지고
> 또 신선 같다고 하였다. 여기서 의원은 연세가 많아 보인다. 신선 같은 모습을
> 가지고 또 연세가 많은 사람들은 원래 말이 좀 적은 것 같다.
>
> 【AD-2-F】

학습자들은 다양하고 재미있는 해석을 많이 보였는데 학습자J1은 굳이
말을 하지 않아도 서로 간의 반가운 감정은 느낄 수 있다고 하였으며 손길을
통하여 그 감정이 전달되었다고 하였다. 반대로 학습자W는 이런 문화적
행동에 대해 이해할 수 없는 모습을 보였는데 학습자 자신이라면 반가운
마음에 말을 걸었을 것이라고 하였다. 또한 학습자F는 의원의 이미지가 연세
가 있는 신선 같은 이미지여서 이런 이미지는 원래 말이 적은 것이라고 하였
다.

학습자J1의 해석은 중국과 한국의 공통된 고맥락 문화에서 그 근원을 찾을

수 있다. 홀(Hall, 1976)은 의사소통이 이루어지는 물리적, 사회적, 심리적 환경과 같은 맥락에 영향을 받아 이루어지는 각 개인의 메시지의 기호화와 기호 해독과정에서 맥락에 의존도가 높은 문화를 '고맥락 문화'라고 지칭하고, 맥락에 의존도가 낮은 문화를 '저맥락 문화'로 이분하였다. '고맥락 문화'에서는 화자와 청자 사이에 공유하고 있는 정보와 경험이 많고 인간관계가 밀접하기 때문에 명확히 말하지 않아도 서로 이해할 수 있고 경우에 따라서는 굳이 말하지 않아도 얼굴 표정이나 느낌만으로도 메시지가 전달된다. 그러나 '저맥락 문화'에서는 화자가 청자 사이에 공유하고 있는 정보와 경험이 많지 않고 개인주의가 강하기 때문에 상대의 기분이나 마음을 헤아리기보다는 어떻게 자신의 의사를 상대에게 주장할 것인지가 중요하다. 홀의 구분에 따르자면, 중국과 한국, 일본 등은 고맥락 문화[16]에 속하는데 고맥락 문화권 사람들은 매우 동질적이어서 감정에 대해 거의 공통적이고 주로 간접적인 의사 표현을 지향하며 대게 비언어적 요소와 상황적 요소를 통해 암시한다. 이 시에서도 의원과 '나'는 내가 아버지라 섬기는 분과 의원이 서로 막역지간 이라는 사이를 안 뒤에 말이 없이도 서로 간의 공통된 감정을 느낄 수 있고 웃음, 손길 등 비언어적 소통을 통해 감정을 공유한다.

　　반대로 학습자W를 포함한 많은 학습자들이 이 상황을 이해하지 못하였는데[17] 원인을 두 가지 경우에서 찾을 수 있다. 하나는 한중 고맥락 문화 비교에

16　유교에서는 칠정(七情)에 해당하는 감정의 표현은 억제를 강조하였으므로 이러한 영향으로 사람들은 슬픔, 기쁨 등의 감정으로 드러내지 않으며 생활하였다. 이로 인해 한국인들은 '미소' 또는 '침묵'이라는 비언어로 억제해야 할 일곱 감정을 중의적으로 표현함으로써 이러한 비언어를 복합적인 의미가 함축된 의사소통방식으로 사용하고 있다. 또한 이러한 유교의 영향으로 분위기를 파악을 위한 '눈치'가 한국인의 의사소통에서 중요한 능력으로 여겨지고 있다. 김정은, 『한국인의 문화 간 의사소통』, 한국문화사, 2011, 23-24쪽.

17　이 시는 서술적 성격으로 서사 구조를 지니며 시 속의 인물들 간의 주고받는 대화와 시적 상황을 압축적으로 서술하는 기법을 통하여 고향과 아버지 그리고 공동체적 삶에 대한 그리움을 나타내었다. 학습자들은 이러한 압축적 서사 구조에 대한 정서적 통합의 부진으

서 정도의 차이 문제이다. 한국과 중국은 모두 고맥락 문화권에 속하여 있지만 상황에 따라 한국이 중국보다 훨씬 고맥락으로 나타나는 경우가 있다. 한국이 특히 '고맥락 문화' 부분에 해당하는 것이 있다면 그것은 연장자, 특히 혈연관계나 친분이 있는 연장자와 대화할 때이다.[18] 이는 한국이 중국보다 사람과 사람 간의 권위를 중시하고, '정'을 중요시하기 때문이다. 특히 한국에서 일상적인 대화에서도 눈치라는 용어를 많이 사용하거나 오락에서 이심전심, 눈치게임 등이 유행하는 것에서도 알 수 있다.

또 하나는 중국인 학습자 개인 간 특성의 차이점에서 비롯된 것이다. 중국인들은 넓은 땅에서 지역마다 서로 다른 성격을 가지고 있으며 지역마다 상이한 문화가 존재한다.[19] 특히 성격차이가 크게 난 동북(东北)과 화동(华东) 지방은 중국이라는 동일한 고맥락 문화권 내에서도 큰 차이를 보인다. 상해 사람을 비롯한 화동 지역의 중국인들은 보다 눈치가 빠르고 암묵적인 문화 수행을 많이 하지만 반대로 동북사람은 성격이 외향적이고 직설적인 면이 있다. 따라서 중국인 학습자 특성에 따라 한국 문화에 대한 이해와 해석은 다르게 나타날 수 있으므로, 교사는 수업에서 학습자의 개인적 경험과 문화적 경험을 바탕으로 형성된 서로 다른 문화적 의미 구성에 유의하여야 한다.

학습자들은 상이한 문화적 배경지식과 경험, 가치관을 가지고 있으므로 문화 의미의 해석은 다양할 수밖에 없다. 이 부분에서도 학습자들은 텍스트의 빈자리를 구체화하는 모습을 보였는데 학습자들은 마땅히 이런 문화의 빈자리를 잘 발견하고, 사유의 공간을 열어 상상력과 창조성을 발휘하여 문화적 상상을 체험해야 한다. 문화적 상상은 자신의 생활 체험과 배경지식을 충분히 활용하여 능동적인 창조적 상상을 통하여 그 문화적 의미를 충실

로 이 부분에 대한 이해가 잘 되지 않았던 경우는 완전히 배제할 수는 없다.

18 홍민표, 『언어행동문화의 한일비교』, 한국문화사, 2010, 89쪽.
19 王海亭 지음, 차혜정 역, 『넓은 땅 중국인 성격지도』, 새빛에듀넷, 2010.

하고 완전하게 하는 것이다. 또한 이런 타문화 재구성 과정은 임의적인 것이 아니라 다중적 시야의 융합의 과정으로서 다른 사람들의 해석과 상호작용하면서 능동적이고 타당한 문화를 재창조하는 과정이 되어야 한다.[20] 특히 문학 작품은 빈자리가 많아 학습자들의 능동성을 유발하며 이런 빈자리를 구체화하는 활동을 통하여 타문화에 대한 주체 생산의 차원으로 확장될 수 있다.

2) 내부자 시각에 입각한 관점의 전환

압달라 프렛세이에 의하면 상호문화에서 자기 해석을 목표로 한 이해 전략은 한 사회 구성원의 의미 세계를 내부로부터 이해하려고 노력한다는 것이라고 하였다. 내부자 시각에 입각한 관점의 전환은 타문화에 대해 접근하면서 자신을 다시 돌이켜보는 것이다.

타문화를 해석하는 시각은 크게 외부자(에틱) 시각과 내부자(이믹) 시각으로 나누어 설명될 수 있다. 외부자 시각은 타문화를 제 삼자로서의 입장을 가지고 객관적으로 문화를 해석하는 것이다. 반대로 내부자 시각은 목표문화를 그 원주민의 시각에서 이해하고자 하는 것이다.[21] 이는 타문화의 관점에서 이해하고 타문화 의미의 맥락을 분석하여 새로운 문화적 해석을 도모하는 문화의 이해를 목적으로 한다.[22]

한국 문화를 외부자 시각에서 해석하는 것은 문화 간 비교를 통하여 객관적 준거의 틀에서 비롯되어 객관성을 보장할 수 있다. 하지만 동일한 문화집

---

20 김정우는 시 해석 교육에 논하면서 빈자리 채우기를 통한 텍스트에 대한 해석의 과정은 소극적으로는 해석의 적절성을, 적극적으로는 해석의 창의성을 꾀하는 한편, 다른 해석들과 자신의 해석을 비교하면서 타당성을 검증하는 해석을 강조하고 있다. 김정우, 『시 해석 교육론』, 태학사, 2006, 132쪽.

21 김주희, 『문화인류학』, 성신여자대학교출판부, 1991, 184쪽.

22 이노미, 「비교문화의 이론」, 『인문과학』 36집, 성균관대학교 인문과학연구소, 2005, 385쪽.

단이라 할지라도 개인적 다양성과 문화적 다양성이 존재하며 아무리 특정 집단에서 일반화된 양식이라고 할지라도 개개인의 특성에 따라 그 나름대로의 독자적인 문화성이 존재한다. 또한 문화 간 표면적으로 상이한 성격에 속하는 문화적 현상이라고 할지라도 사실은 서로 다른 맥락에 속하는 두 가지 사실이기 때문에 비교할 경우 잘못된 관점을 형성할 수 있다. 이 때문에 비교 연구는 요소와 변인을 경시하며 다원인적 분석보다는 주어진 문화적 특성으로 행동이나 태도를 설명하려는 분할주의자적 접근방식을 띨 수 있고, 문화변용이나 다양화 과정은 고려하지 않아 기존의 고정관념을 고착시키고 나아가 새로운 고정관념을 만들어낼 위험이 있다.[23]

따라서 타문화를 해석할 때에는 내부자적 시각이 필요하다. 내부자 시각은 타문화 시각에서 이해하려는 접근이며 그 문화의 상황적 특수성에 대해 이해하는 것으로, 자문화중심 관점과 반대인 문화 상대주의적 관점이다. 이는 결과적으로 관점의 전환을 가져오게 되는데, 관점의 전환이란 기존에 자신이 타문화에 대해 가지고 있던 제한된 관점을 변화시키고 타자의 시각에서 자신의 입장을 관찰하는 것을 의미한다. 이렇게 '관점의 전환'은 모든 인간이 자신의 규범으로부터 타자와 외부 현상을 판단하고 평가하는 것을 상대화할 줄 아는 능력을 말한다.

다음은 학습자가 <빈처>의 술문화에 대해 해석하는 양상이다.

교환학생으로 한국에 갔을 때 한국에서 저녁에 술을 마신 적이 꽤 많다. 한국 사람들은 술을 많이 좋아한다. 늦은 밤에도 식당이나 술집에 술 마시는 사람들이 꽉 차있다. 저는 평시에 술을 좋아하지 않기 때문에 늦게 까지 술자리에 앉아 있는 것이 너무 힘들었다. 중국은 이렇게 심하지 않다. 주위에 술 마시는

---

23   Martine Abdallah Pretceille, 앞의 책, 84-86쪽, 111쪽.

한국 사람을 이해할 수가 없었고 아무 일도 없을 때도 항상 술을 마시는 것 같았다. 하지만 이 소설을 읽고 남자가 늦게 까지 술 마시고 매일 술 마시는 모습에 대해 동의할 수 없지만 한편으로는 일 때문에 술자리가 잦아지고 인간관계를 만들어 가기 위해 마셔야 하는 남편이 좀 불쌍하다. 사회 생활을 유지하고 가끔씩 스트레스를 해소하기 위해서 술을 마시는 거에 대해 이해한다.

【AD-빈처-X】

이 학습자는 기존에 외부자 시각에서 중국 문화와 비교하여 한국인이 술을 더 좋아하며 이런 술문화가 좋지 않다는 고유관점을 가지고 있었다. 하지만 <빈처>를 읽고 작품 속에 나타난 남자의 시각 즉 내부자적 시각을 통하여 이러한 술문화에 대해 새로운 관점으로 해석하는 모습을 보였다. 이 학습자는 남자의 시각을 통하여 술문화와 사회 생활, 인간관계의 유지, 스트레스의 해소 등 한국 사회의 특수성에 입각하여 다양한 측면에서 이 문화현상을 넓게 바라보고 기존에 가지고 있던 제한된 관점을 전환하는 모습을 보였다.

학습자들은 <빈처> 속 남편과 아내, 이 두 인물의 각각의 입장을 통하여 한국의 술문화에 대해 다양한 시각으로 접근할 수 있다. 소설에는 남자와 술에 대해 묘사하는 장면이 많이 나타나는데, 남자는 산다는 것이 다 울적했다고 한다. 영업부인 남편은 저녁에도 일 때문에 술을 마셔야 하고, 매일 취해서 집에 돌아왔을 때 아내의 잔소리나 불만을 들어 스트레스를 받고 있다. 게다가 남편은 열심히 살려고 하였지만 예전에 공부 못한 친구들이 지금은 인간관계 때문에 물질적인 성공을 얻었고, 제도교육의 커리큘럼이 사람 우열을 판단하는 기준도 불공평하다고 생각한다. 가난한 월급쟁이인 남편은 한 가정을 책임져야 하는 큰 부담감을 가지고 있으며 친구와 함께 술을 마시는 장소는 그에게 스트레스를 해소하는 일종의 방식이었다.[24]

작품 속의 남자가 술 마시는 행위는 절대적인 옳고 그름이 존재하지는 않는다. 아내의 입장에서 볼 때는 남자가 술 마시면서 늦게 귀가하고 가정에 사랑과 관심을 주지 않는다는 점에서 피해가 되지만, 남자의 입장에서는 그냥 한국이란 사회에서 살아가는 데 꼭 필요한 행위이기 때문이다. 이러한 문화적 현상은 한국 사회의 사회문화적 특수성이 반영된 것이며, 이에 대해 내부자 시각에 입각하여 문화현상을 바라보는 것은 한국 문화 고유의 특성에 대한 해석을 가능하게 해 주며 그 문화를 총체적으로 이해하는 데 도움을 주고 기존 가지고 있던 제한된 관점을 전환하여 자신을 성찰하고 자문화중심 사고에서 벗어나는 데 도움을 준다.

이때 내부자 시각이 타문화를 객관적인 잣대에 근거하여 분석하는 것보다 하나의 문화의 고유한 특성에 대한 새로운 분석을 통하여 이해를 도모한다고 할 때, 다른 문화와의 비교에서처럼 비교대상을 찾지 못하는 한계를 가지고 있다. 하지만 그 문화의 맥락에 접근한 내부자 시각은 큰 범위로 확장하여 다른 문화와 유사성과 차이점의 비교가 가능하며[25] 외부자 시각을 통하여 해석의 객관적인 준거의 틀을 제공할 수 있다. 아래 학습자의 <빈처>에 대한 구체적인 해석 양상을 살펴보도록 하자.

> 이 소설은 남편과 아내의 마음도 잘 전달했는데 저는 처음으로 이런 大男子主義(가부장적)남편도 힘들 수 있겠구나 생각했고 이해가 된다. 특히 친구들과 술 마시는 장면에서 공부 잘했던 남편보다 집이 잘 사는 친구들이 더 성공하고 남편은 월급쟁이로 사는 것이 불쌍했다. 이 남자는 한 가정을 먹여살리는 어깨

에 큰 책임을 가지고 있어 마음이 결코 가볍지 않다. 아내는 전형적인 가정주부이고 이 가정을 위하여 헌신한다. 혼자서 집일을 다 하고 아이 둘을 키우며 남편의 따뜻한 위로를 받지 못한다. 아내는 사실 외롭고 나약한 여자이며 위대한 사람이다. 곰곰이 생각해보면 중국과 공통점도 차이점도 있다. 중국도 남자는 사회에서 힘들다. 특히 남자들은 富二代官二代(재벌 2세, 고관 2세)가 아니면 좋은 일자리에 취직하기도 힘들고 승진하기도 힘들다. 그리고 사회에서 여전히 남녀불평등이 존재한다. 대신 여자들도 사회에서 일을 많이 하고 가정에서 남녀가 공동으로 가정일을 하는 경우가 많다. 이 소설을 보면서 느낀 점은 여자도 가정주부보다는 자기의 일이 있고 사회생활이 있어야 작품에 아내처럼 이렇게 힘들지 않을 것 같고 아내도 남편을 많이 이해해야 한다고 생각해요. 남편은 자신도 힘들겠지만 가족과 아내를 더 많이 생각하여 술을 줄이고 같이 집안일도 해주는 것이 좋다고 본다.

【AD-<빈처>-Y】

위 내용을 보면 <처음으로 이런 가부장적 남편도 힘들 수 있겠구나 생각했고 이해가 된다.>는 표현으로부터 이 학습자가 기존 한국의 가부장적 문화 이해에 대해 관점의 전환을 경험했음을 확인할 수 있다. 이러한 타문화에 대한 관점의 변화는 작품 속 남자를 한국 사회의 사회적 상황 맥락에서 분석하였기 때문이다. 이 학습자는 공부 잘 했던 남편이 한국 사회 속에서 권력과 배경이 없는 평범한 사람으로 가족을 위해 열심히 일해야만 하는 존재라는 점을 인식하면서 기존 가지고 있었던 일부 편견을 버리고 더 폭넓게 생각하는 모습을 보였다. 이 소설에서 아내와 남편은 모두 생존이 걸린 고초에 시달리지는 않지만 생활이 쳐놓은 압박에 부대끼며 산다. 그런 만큼 이들의 삶에는 자랑할 만한 어여쁨도 만족감도 깃들어 있지 못하다. 한편 이 소설은 '아줌마', '마누라', '여편네' 그리고 '아저씨'라는 이 범박한 인칭 대명사들의 멋없는 인생을 통해, 개인의 사회적 존재를 제약하는 한국 사회의 문제적 조건들을 돌아보게 하는 이야기이다.[26] 특히 이 소설의 남편은 제도교육의 커리큘럼하에서 열심히 일해야 살 수 있는 한국 남자들을 대표하는 평범한 남편이자 아저씨인 것이다. 따라서 학습자들은 이러한 새로운 시각을 접함으로써 자신이 가지고 있던 제한된 문화적 시각을 넓혀갈 수 있었다. 이러한 관점의 변화는 자신만의 관점이 옳고 정당하다는 자세에서 탈피하는 것으로 시작되며 나의 관점을 반추해 보고 관점의 절대성을 깨는 작업이며 이는 자신의 고유 관점을 넘어서 나와 타자, 자문화와 타문화를 비판적으로 성찰하는 밑거름이 된다.

뿐만 아니라 이 학습자는 외부자 시각에서 중국 문화와 비교하면서 이러한 문화해석에 대해 객관성을 부여하면서 자문화주의나 상대주의에서 벗어난 올바른 판단을 내리는 모습을 보였다. 해석 내용을 구체적으로 보면 중국도 남성들도 사회에서 힘들며 또한 여전히 남녀불평등이 존재하다고 하였다. 하지만 중국은 여성들이 대부분 사회생활에 참여하고 가정에서 남성들이 가사일을 많이 도와준다고 하면서, 나아가 한국사회의 바람직한 성역할 관계에 대해서까지 생각하는 모습을 보였다. 이 학습자는 외부자 시각을 도입해 한국 문화와 중국 문화의 권력주의(가부장제)문화에 대한 인식을 규명하고[27] 문화 간 비교를 통해 중국 문화와 한국 문화의 문제점을 도출하는 실천성을 지닌다.

이러한 내부자 시각과 외부자 시각 간의 작용과 반작용은 문화 비교와

---

26 은희경, 『빈처, Poor Man;s Wife』, 아시아, 2012, 76쪽.
27 외부자적 관점 인식 모형은 문화 이해를 구하는 데 있어 매우 유용하다. 이들 모형은 인간에 대한 인식, 인간과 자연, 시간, 활동, 사회적 관계, 즉 자신과 타인에 대한 인식 -"개인주의/집단주의"; 불확실에 대한 인지 -"불확실 회피"; "힘의 간격"; "남성성/여성성", 그리고 그 밖의 다른 것 등을 포함한다. P. R. Moran, 앞의 책, 219-223쪽.

문화 이해에 중요하다. 내부자 시각만 고집할 경우 해석이 객관성을 잃고 상대주의를 유발할 수 있으며 외부자 시각만 고집하면 자신의 기준을 적용하여 타문화를 해석하게 되므로 자민족중심에 빠질 수 있다. 따라서 내부자 시각을 통하여 관점의 전환을 가지고 온 후, 다시 외부자 시각으로 그 해석에 대한 정당성과 분석의 틀을 제공하는 것이 중요하다.

특히 문학작품을 활용한 상호문화적 외국어 교육에서 타문화 이해 학습의 가장 중요한 요인은 타문화에 대한 지역학적인 지식의 전달보다는 학습자의 새로운 시각의 수용과 이를 통한 기존 시각의 변화 자세와 능력이다.[28] 상호문화적 접근에서 자아를 발견하고, 타문화에 대한 자신의 내적 세계를 바라보고 성찰해 보아야 한다. 이런 과정을 통해 학습자는 문화 해석에서 자신을 재확인하게 되며, 자신이 기존에 가지고 있었지만 의식하지 못했던 자신의 시각을 다시 발견하게 된다. 이를 통해 학습자들은 자신이 갖고 있는 한정된 시각을 열어 놓고 타자의 시각을 수용해 자신의 편협한 시각을 절대화하는 것을 부수어 상대화시켜 봄으로써 자신의 시각을 교정하고 변화시킬 수 있다.[29]

불평등에 대한 인식(권력거리: Hofstede)	
낮은 권력거리 ◀ ▶ 높은 권력거리	
지위나 권력에서의 불평등을 주로 인위적인 것으로 본다. 편리한 것일 수는 있지만 어떤 사람이 타인을 지배하는 것은 자연적인 것은 아니라고 본다. 권력을 가진 자는 자신들과 다른 사람들의 차이를 최소화하고 중요시하지 않는 경향이 있다.	불평등은 자연적이고 필수적인 것, 이런 식으로 어떤 사람이 타인에 비해 우세하다는 것을 받아들인다. 권력을 가진 자는 이것을 강조하고 권력을 공유하거나 위임하려고 하지 않으며 가능한 한 권력을 가지지 못한 자와 자신들을 차별하려고 한다.

28   김정용, 앞의 글, 10쪽.
29   위의 글, 9쪽.

3) 범문화적 접근을 통한 상대성 이해

범문화란 어느 시대, 어느 사회에서나 존재하는 문화의 공통적인 특성과 '보편적'으로 나타나는 양식을 말한다. 범문화적 접근의 문화 보편성 기반은 문화 간 다양성과 상대성 이해를 촉진한다. 문화 상대성 이해는 어떤 특정한 기준에 의하여 문화의 우열을 정하든지 어떤 문화요인의 좋고 나쁨을 논할 수 없다는 입장을 가지게 한다. 문화 상대성 이해는 크게 횡적 상대성 이해와 종적 상대성 이해로 나뉠 수 있다. 횡적 상대성 이해는 서로 다른 문화의 차이를 이해하고 그 고유의 특성을 인정하는 탈중심적 이해이며 문화 다양성 인정으로 나아가는 길이다. 종적 상대성 이해는 타문화 내에서 변화되고 수준 차이가 있는 문화를 상대적으로 이해할 수 있는 것을 말한다. 상대성 이해는 크게 문화적 표상의 이성적 파악, 문화 간 차이의 이해, 문화 역동성의 해명 등 측면에서 논의될 수 있다.

(1) 문화적 표상의 이성적 파악

문화적 표상을 이성적으로 파악하는 것은 중국인 학습자들이 범문화적 접근을 통하여 한국 문화와 중국 문화를 객관화시키면서 타문화를 이성적으로 파악하는 해석이며 상대성 이해의 일종이다.

다음은 학습자들이 <우리들의 일그러진 영웅> 속 권위주의 문화에 대해 상대화 시키는 양상이다.

이 소설은 엄석대는 급장이었고 다른 학생들을 지배하다가 결국 새로운 담임 선생에게 들켜서 학습들의 일치한 지적을 받았다. 엄석대를 통해 권력의 형성과 몰락을 제시하였고 한국 사회가 권력으로부터 보다 자유적이고 민주적인 방향으로 나아간다. 권위주의는 어느 시기, 어느 나라에 다 존재하는 현상이다. 사회는 발달하고 사회체제는 건전한 때에만 권위주의 세력을 최대로 약화할 수 있다. 중국도 그런 권위주의가 있다. 예전에 황제 제도를 보면 알게 된다. 봉건제 도로부터 자본주의사회를 겪고 지금은 사회주의 사회이다. 평등과 자유를 향하여 오지만 지금 사회에도 권력과 불평등은 여전히 존재한다. 다른 나라에도 마찬가지이겠지만 그래도 우리의 사회는 진보하고 발전한다.

【AD-<우리들의 일그러진 영웅>-H】

위 학습자의 해석 내용을 살펴보면 소설 속 나타난 한국의 권위주의는 어느 시기, 어느 나라에 모두 존재하는 현상이라고 하면서 중국도 마찬가지로 부조리한 권리가 존재하는 사회로부터 지금은 보다 나은 사회로 발전하였다고 하였다. 또한 사회가 발전하면서 권위주의 세력은 약화할 수 있지만 한국과 중국을 포함한 다른 나라에도 여전히 권위와 불평등은 존재한다고 하였다. 이 학습자는 부정적인 측면이 강한 권위주의 문화를 범문화적 관점에서 해석하면서, 그것을 한국 문화만이 지니고 있는 특수성으로 생각하지 않고 이성적으로 파악하는 모습을 보였다.

아래는 시 <농무>에 나타난 산업화로 인한 농촌의 파괴라는 사회문화 현상에 대한 학습자의 해석 양상이다.

이 시는 도시화 운동이 농촌에게 충격을 주는 것을 말하고자 합니다. 이것은 사회발전도중 흔히 겪을 수 있는 문화현상입니다. 이런 고통을 품는 문화현상을 겪어야 사회가 발전할 수 있다고 생각합니다. 예를 들면 18세기 영국의 산업화가 출현하면서 도시화로 변하면서 도시 곳곳에서 인력이 필요하면서 농민들이 도시로 몰렸습니다. 이는 영국이 당시 세계 강국으로 발전하는데 큰 도움을 주었습니다. 하지만 도시의 발전으로 인해 농민들에게는 다른 고통을 안겨주었습니다.

【AD-<농무>-C】

이 작품 속에 나타나는 문화현상은 바로 도시화 과정에서 농촌의 변화이다. 사람들은 경제적 발전을 너무 중시하고 농촌의 발전이 무시한다. 보통 경제발전 초기에는 도시화의 발전이 급하게 진행하는 것이다. 그리고 물질문화만 중시하고 정신문화는 잊는다. 이 과정에서 많은 전통적 풍습이나 좋은 문화를 잃어버리는 것도 있다. 이런 현상은 도시화 과정에서 피할 수 없는 일이다. 세계 나라마다 다 이런 시기가 있다. 이런 과정 중에서 지도자가 계획을 잘 만들고 실시하면 잘 될 수도 있다.

【AD-<농무>-L】

좀 슬퍼하지만 내가 보기에 그런 현상이 나타나기 마련이다. 왜냐하면 도시에 가서 돈을 더 많이 벌 수 있어 농촌에 사는 사람의 생활질을 높일 수 있기 때문이다. 이런 것도 문명 발전의 하나이다. 하지만 경제의 성장만 구하기 위해서 농촌을 무시하고 잊어버리는 것이 안 될 것 같다. 그래서 도시가 급속하게 발전하는 동시 정부는 농촌에도 혜택을 좀 주고 사람들이 여유 있게 살 수 있다면 도시와 농촌의 발전에 모두 도움이 된다고 생각한다.

【AD-<농무>-M】

위 내용을 보면 학습자C, 학습자L, 학습자M은 사회경제와 도시가 발전함에 따라 농민들이 농촌을 떠나 농사가 잘 안 되는 현상이 나타나기 마련이라고 하면서 이는 사회가 발전하면서 꼭 겪어야 할 문화현상이라고 범문화적으로 접근하여 해석하였다. 학습자C는 18세기 영국의 산업화혁명을 예로 들면서 전 세계적으로 나타나는 보편적인 문화현상이라는 것을 밝혔다. 하지만 1960~70년대 한국 산업화 과정에서의 한국 농촌의 변화는 범문화적으로 나타나는 현상이면서 한국 자체의 특성도 가지고 있기 때문에[30] 보편적으로 접근하면서도 한국 문화의 특수성을 강조할 필요가 있다. 학습자L과 학습자

M은 범문화적으로 해석할 뿐만 아니라, 이러한 문화현상에 대해 문제점을 지적하면서 도시와 농촌의 균형적인 발전과 정부의 농촌에 대한 혜택과 지원이 필요하다는 의견까지 밝혔다.

학습자들이 이런 범문화적 맥락을 갖고 와서 문화를 해석할 수 있는 원인은 자국 문화에도 이러한 문화현상이 존재하기 때문이다. 즉 학습자들은 문화 간 공통된 부분을 범문화적 맥락으로 확장하여 해석하는 경우가 많았고 대부분의 학습자들은 이런 문화현상이 중국에도 존재한다는 것을 밝히는 모습을 보였다.

범문화적 접근으로 문화를 해석하는 것은 학습자들로 하여금 보다 이성적으로 양국 문화를 바라보고 자문화 중심주의에서 벗어나 타문화를 객관적으로 해석하고 문화를 상대화시키려는 하나의 방식이기도 하다. 그리고 범문화적 접근은 문화 간 동질성에 주목하는 것으로 상호문화 소통과정에서 거리감을 줄이고 공감대를 형성하며 문화 간 이해를 촉진할 수 있다. 그러나 이렇게 인류 보편적인 문화로 환원하여 그 보편화 과정에서 멈춘다면 가치 평가의 무분별과 상대주의를 야기할 수 있기 때문에 각 문화가 가지고 있는 특성까지 심층적으로 분석해야 한다.

---

30 서구에서는 산업혁명으로 공업이 발달한 곳에 사람들이 일자리를 찾아 몰리면서 공업도시가 생겨났고, 이러한 도시는 산업화를 더욱 촉진하는 역할을 하였다. 즉 도시화는 산업화와 동시에 진행되는 것이 일반적이다. 그러나 후진국의 도시는 피폐해진 농촌을 무작정 떠나 도시로 사람들이 몰려들면서 빠른 속도로 성장하게 되었다. 그런데 도시화의 여러 요인(도시 인구의 자연 증가, 인구 이동, 시 경계 확장, 시 승격 등) 중에서도 한국은 1960~70년대 도시화는 대규모의 이촌향도현상 때문이다. 즉 1960년대 이후의 공업화에 따른 경제성장으로 산업시설과 문화시설이 도시에 집중되어 많은 농촌 인구의 도시 유입을 자극하게 되었던 것이다. 더욱이 도시 근로자들의 저임금 유지를 위한 저곡가 정책으로 인하여 농촌의 이농 현상을 더욱 부추기게 되었다.

(2) 문화 간 차이의 이해

문화 간 만남의 상황에서 개인은 문화의 다양성과 이질성에 더 민감하며 이러한 문화 간 차이는 문화충돌을 유발할 수 있고 타문화에 대해 배타적인 태도를 낳을 수 있다는 위험을 안고 있기 때문에 차이에 대한 이해가 필요하다. 이런 문화 간 차이에 대한 이해는 범문화적 접근을 통하여 가능하다는 것을 구체적인 분석을 통해서 살펴보도록 한다.

다음은 <빈처>의 남성중심문화에 대한 학습자의 해석 양상이다.

> 남성중심은 유교문화의 영향을 크게 받은 것 같다. 중국도 예전에는 유교사상이 사회를 지배하면서 남성이 우월하다는 의식이 강했고 남존여비의 사상이 심했지만 지금은 괜찮다. (생략) 제가 궁금한 것은 왜 한국은 아직도 남성중심의 사상이 심한 것이다. 한국은 지금 발전한 자본주의사회인데.
>
> 【CC-<빈처>-P1】

위 양상을 언뜻 보면 범문화적 접근을 통하여 어떻게 문화 간 차이의 이해가 가능할 것인지를 짐작하기 힘들다. 이 학습자는 중국과 한국은 모두 유교문화권 사회배경하에서 남성중심 문화가 심하였는데, 지금은 중국보다 한국에 남성중심문화가 심하게 남아있는가에 의문을 제기하였다. 특히 <한국이 중국보다 남성중심사상이 심하다> 등 문화 간 차이에 대한 생각은 자문화 우월주의 태도를 유발할 수 있기 때문에 상호문화 해석에서 이런 문화 간 차이에 대한 올바른 이해와 인정이 필요하다.

이 학습자는 먼저 유교문화라는 보편적 사회문화적 배경을 통해 남성중심 문화에 대해 해석하였고, 중국의 경우는 예전과 비교해보면 지금은 많이 좋아졌고 한국의 경우는 발전한 자본주의라는 다른 사회문화적 맥락으로 남성중심 문화에 대해 해석하는 등 개별적으로 그 원인에 대해 탐구하는 모습을 보였다. 이 학습자는 왜 한국이 아직도 남성중심 사상이 심한가에 대해 구체적인 답을 찾지 못하고 의문을 제기하였지만, 문화 간 차이를 보편성과 개별성의 시각에서 해석에 접근하였다는 점에서 의미가 있다.

문화의 특성 가운데 역사성, 사회성은 곧 문화의 보편성을 의미하는 것이다. 여기서 문화가 가지는 근원적인 보편성의 하나는 사회·역사적 맥락을 지닌다는 특성이다. 문화는 어느 시대 어느 사회에서나 맥락적이며, 그 사회·역사적 맥락에 의해 해석되어야 하는 것이 공통된 특징이다. 예를 들면 남성중심 문화일 경우 중국과 한국은 과거에 유교문화권 아래에서 중국과 한국의 전통적 가족주의는 가(家)중심주의로서 부계 혈연주의, 가부장제 이데올로기(남성의 가부장권에 의한 여성지배)이다. 사회발전에 따라 중국은 1949년 대륙에 새로운 공산주의 정권을 수립한 이후 사회주의 혁명의 임무는 억압받는 계급과 인민을 해방시키는 것으로 기존의 유교사상에 의해 억압받고 있었던 여성들을 해방시키기 위해서는 유교문화 타파는 불가피했다. 중국 정부는 먼저 각종 법률과 제도를 재정비하여 여성의 지위와 권리를 보장하였고, 이러한 조치에 힘입어 실제로 중국 여성은 비교적 눈에 띄는 남녀평등의 성과를 이루었다. 그러나 한국의 경우 1950년대 한국전쟁을 거치면서 1960년대 후반에 이르러 급속한 경제성장과 산업구조의 변화를 가져오면서 산업화시기에 핵가족이란 새로운 가족형태와 자본주의적 가부장제가 정착된다. 1970년대에 자본주의적 가부장제가 정착되고 '남편은 일, 아내는 가정'이라는 새로운 성역할 분담이 형성되면서 한국의 여성은 여성 자신의 자아실현보다는 현모양처의 길을 걸었다.

즉 모든 문화권에서 문화 현상은 사회·역사적 맥락에 기반을 둔다는 것이 범문화적인 공통 현상이며 이러한 범문화적 보편 현상하에 계층적으로 하위 범주가 존재하며 각 문화의 사회·역사적 배경이 다름에 따라 문화는 개별성을 띤다. 이때 학습자에게 필요한 것은 모든 문화 현상은 사회·문화체제

속에서만 그 의미가 제대로 파악될 수 있으며 하나의 문화현상에는 다양한
사회·문화적 맥락이 존재하기 때문에 그 각각의 문화 개별성을 이해하고
탐구해야 한다는 것이다. 즉 학습자로 하여금 사회·역사적 특정한 상황으로
인해 다양한 삶의 조건들이 존재하는 문화 간 차이는 존재할 수밖에 없는
것임을 이해시키는 것이 중요하며 이는 중국 문화와 한국 문화가 각자 가지
고 있는 그 나름의 가치에 대한 인정과 수용을 가능하게 한다.

(3) 문화 역동성의 해명

앞서 보여준 범문화적 접근을 통한 문화적 표상의 이성적 파악과 문화 간
차이의 이해가 종적 상대성 이해였다면, 문화 역동성의 해명[31]은 횡적 상대성
이해이다. 문화는 역동적인 성격을 갖고 있기 때문에 문화적 요소들은 이질화
를 거듭하면서 현재의 개별 문화 현상과 전통적 문화가 서로 연결되지 않는
경우가 있다. 이때 과거 문화와 변화하고 있는 현재의 문화를 상대적으로
이해하여야 실제 문화 간 만남에서 갈등을 해소할 수 있다. 문화의 보편적
접근은 한편으로 전통과 현대 사이의 갈등을 해소하고, 다른 한편으로 이미
진행 중인 변화를 설명할 수 있는 규제적 이념으로 작용할 수 있다.[32]

아래는 <빈처>의 남성중심문화 해석 양상이다.

---

[31] 문화의 역동성 해명은 문화 맥락에서 접근할 수 있다. 문화맥락이란 문화 안에 유기적 그물
망으로 존재하는 관점, 현상, 산물들 간의 의미관계이다. 모든 사회 문화적 관점, 현상, 산물
들은 결코 개별적으로 고립된 것들이 아니라 다른 관점, 현상, 산물들과 의미 있는 관계를
형성하고 있다. 모든 사회문화적 관점, 행동, 산물은 통시적 관계 속에서 과거와 현재, 미래
를 잇는 맥락으로 이어져 있으며 이 통시적 관계에 대한 이해는 개별 문화에 대한 이해를
높일 수 있다. 또한 개별 문화들은 동시대의 다른 개별 문화들과 연관성을 지니며 존재한다.
그러므로 문화에 대한 통시적 공시적 맥락을 지니는 것이 문화 전반에 대한 이해도를 높일
수 있다. 김수진, 「문학작품을 활용한 한국언어문화교육 연구-맥락 활성화에 기반한 수업
사례를 중심으로」, 『한국어교육』 20-3, 국제한국어교육학회, 2009, 34쪽.
[32] 한국해석학회 편, 앞의 책, 25쪽.

한국에서는 남성중심이라는 현상이 매우 심한 것 같다. 아마 유교 사상의 영향을 받아서 그렇다. 그러나 사회가 발전하여 현대 사회에 들어오고 남녀평등을 많이 제창한다. 지금의 한국의 젊은이들을 보면 점점 좋아진 것 같다.

【CC-<빈처>-A】

위 학습자는 과거에는 한국이 유교 사상의 영향을 받아 남성중심 문화가 심하였지만 현대에 이르러 사회가 발전함에 따라 남녀평등이 많이 이루어졌다고 본다. 지금 한국 사회를 살펴보면 한국 여성의 지위가 향상되고 남성우월주의 사상이 많이 사라졌다. 이 학습자는 사회가 발전함에 따라 문화도 변화한다는 범문화적 보편성 중 하나인 문화의 역동적 특징을 파악하여 남성 중심문화를 해석하였는데 이를 통해 실제 문화 간 만남에서 다르게 나타나는 문화 현상으로 인해 갈등을 겪지 않을 수 있다. 또한 이는 비교적 객관적으로 타문화 현상을 파악한 것인데, 일차적으로 이 학습자는 문화를 변화하고 있는 실체로 파악하여 과거와 현재를 동일시하는 제한된 사고에서 벗어난 것이다. 특히 타문화의 부정적인 측면에 대해 자민족중심주의 태도가 작용하여 자칫 왜곡된 이해에 도달할 수도 있기 때문에 범문화적 보편성인 문화 역동적 특성을 바탕으로 타문화를 객관적으로 해석해야 한다.

한국교수님이 수업시간에 한의 정서에 대해 자주 말해요. 한국의 대표적인 정서이래요. 전통문화를 배울 때도 한을 많이 접했어요. 한의 정서는 슬픈 것 같아요. 좀 우울하고 비극적인 느낌이 나거든요. 하지만 지금의 한국을 보면 전혀 그런 느낌을 받을 수 없어요. 한이 예전에만 존재 했나요? 지금은 사라졌나요?

【CC-<농무>-H1】

이 학습자는 수업시간에 한국의 <한>의 정서에 대해 많이 접해보았고 한을 한국의 대표적인 정서로 인식하고 있었다. 또한 한의 정서는 슬픈 정서라고 느끼고 있었는데 지금의 한국 사회를 보면 그러한 정서를 지니고 있다는 것을 느낄 수 없다고 하면서 한의 정서가 현재에 와서 살아졌냐는 의문을 제기하였다. 한이 한국인들이 문화적, 역사적으로 경험해온 대표적인 한국적 정서라는 사실은 맞다. 그러나 한국인들은 한으로만 설명할 수 없는 복합적인 문화를 갖고 있다. 한이 한국인의 고유한 특성으로 나타나는 맥락은 한정되어 있으며, 정이나 흥, 끈기, 신명 등 다른 측면으로 설명할 수 있는 한국인들의 고유한 문화적 맥락이 보다 크고 다양하게 존재한다. 이러한 사실들을 도외시하고 한국인의 모든 것을 한국의 어둡고 슬픈 역사에서 유래된 부정적 인식의 한으로 설명하려는 시도는, 일단 한번 그렇다고 믿으면 그 믿음에 반대되는 정보는 무시하고 그 믿음에 부합하는 정보만을 선택하게 되는 확증편향의 결과일 뿐이다.[33] 따라서 단지 문학을 통해 배운 슬프고 어둡고 수동적이고 비관적인 한의 정서가 아닌 새로 변화되고 생성된 한의 또 다른 '얼굴'-현재의 정열, 신명, 끈기 등 긍정적이고 밝은 맥락에서 한에 대해 이해시켜주는 바람직하다. 이러는 경우 범문화적으로 접근하여 새로 생성되고 변화되어 가는 문화의 역동성을 이해하여 문화의 과거와 현재 제반 측면에 대한 비교적 이해는 실제 문화 간 만남 상황에서 겪는 문화 충돌을 예방할 수 있다.[34]

---

[33] 한에 대한 또 다른 오해는 바로 한을 어떤 차원에서 이해할 것이냐 하는 한의 발생지점, 즉 현실과 허구의 혼동에서 나타난다. 한국문화에서 한은 한국인이 실제적으로 경험해온 정서이면서 또한 문학이나 예술의 주제로 많이 사용되어온 것이다. 여기서 어느 쪽에 초점을 맞추느냐에 따라 한의 성격과 의미는 차이를 보일 수 있다. 한성열 외, 『신명의 심리학』, 21세기북스, 2009, 43쪽.

[34] 실제 수업 중에 '지금의 한국 사회는 어때요?'라고 질문하는 학생들도 많았다. 문화 내용을 선정하여 학습자들에게 타문화를 가르칠 때 선정한 문화 내용이 특정한 상황에서 정형화된 구체적인 경험현실이기 때문에 현실의 역동성에 견주어 볼 때 상당히 도시적으로 제시할 수밖에 없다. 이는 문학텍스트만 아니라 문화텍스트를 포함한 텍스트가 가지고 있는 성격

3. 상호문화적 태도 형성 양상

상호문화학습은 학습자들의 타문화와 자문화에 대한 심리적인 변화[35]를 강조한다. 여기서 개인적인 발달 과정이 중요한데, 이 '발달'은 상호문화 학습이 자문화 중심주의에서 시작하여[36] 문화 간 이해, 승인, 존중에 이르는 것이다.[37] 상호문화교육에서는 자문화 중심주의 성향이 원초적으로 주어져 있다는 가정에서 출발하며[38] 궁극적으로 타문화와 자문화의 보다 나은 이해를 지향한다. 즉 문화 간 다양성의 인정과 함께 자문화에 대해 새로운 가치 체계를 형성하는 것이다. 자문화 중심주의는 다른 문화를 평가할 때 자신의 문화를 기준으로 삼고 자신의 문화가 우월하다고 믿는 태도로 이는 편견을 조장하며

의 한계점이기도 하기 때문에 문화의 다양한 측면을 살피고 이해의 폭을 넓히기 위해서 다양한 문화자료의 활용이 필요하다.

35 문학을 통하여 형성 된 심리적 결과는 '감상'의 측면에서 이해될 수 있다. 수용자가 작품을 음미하고 이해하는 행위를 해석이라고 한다면, 감상은 해석의 결과를 판단하고 이를 내면화하는 단계를 말한다. 따라서 해석은 감상의 전 단계이며 감상은 해석의 결과에 의해 야기되는 심적인 충격이다. 김중신, 『소설감상방법론 연구』, 서울대학교 출판부, 1995, 8쪽.

36 수업 전 설문조사 '중국문화가 한국문화 보다 우월하다고 생각합니까?'라는 질문에 A. 매우 우월함(0명), B. 어느 정도 우월함(27명, 45%), C. 비슷하다. (21명, 35%), D. 우월하지 않음(12명, 20%), E. 전혀 우월하지 않음(0명)의 결과가 나타났다. 이는 학습자들이 어느 정도 자문화 중심 태도를 가지고 있다는 것을 보여준다.

37 베넷(Bennett)의 간(상호)문화 학습 과정의 발달 단계를 보면 다음과 같다.

	1단계	문화적 차이의 부인
자민족 중심(화)시기	2단계	문화적 차이의 방어
	3단계	문화적 차이의 축소
	4단계	문화적 차이의 승인
자민족 상대(화)시기	5단계	문화적 차이의 적응
	6단계	문화적 차이의 통합

P. R. Moran, 앞의 책, 229쪽.

38 허영식, 「간문화 학습의 이론적 기초와 학습과정」, 『사회과교육』 4호, 한국사회과교육연구학회, 2000, 90쪽.

집단의 갈등을 유발한다. 자문화중심 태도에서 타문화에 대한 거부감이나 과소평가, 자문화 우월주의 등이 나타났다면, 아래 학습자들의 경우 타문화 존중, 상호 비판, 자문화 성찰 등을 통해 자문화를 상대화시키고 타자의 세계 관 및 타문화를 동등한 존재로 인정하는 태도로 나아갔다고 볼 수 있다.

1) 상호존중·비판적 태도 형성

상호존중의 태도 형성은 문화 간 차이와 문화적 다양성을 인정하고 수용하였다는 것이며 상호 비판적 태도는 타문화를 객관적으로 받아들이면서 문화 간 공통된 것을 형성하였다는 것을 의미한다. 여기서 타문화에 대한 비판은 목표 문화의 내부자에 대해 이해하지 않고 비판하는 것을 의미하는 것이 아니라, 학습자가 문화의 어떤 측면에 대한 비판적인 입장과 가치 근거적 해석을 결부시키는 문화의 내부자적인 이해를 가진다는 것이다.[39] 학습자들 은 목표 문화를 반드시 받아들이고 적응하는 것이 아니라 문화 간 다양성을 인정하고 존중하고 비판적으로 바라볼 수 있는 것을 말한다.

다음은 학습자들의 상호존중의 태도 형성 양상이다.

집단문화에서도 한국과 중국이 비슷한 점도, 차이점도 많은 것 같습니다. 원래 각 나라마다 자기의 문화적 특징을 가지고 있으니, 좋은 점은 받아들이고 잘못 된 점은 이해해야 합니다. 내가 싫다고 해서 다른 나라 사람의 문화를 바꿀 수 없잖아요. 로마에 가면 로마법에 따라야한다는 말이 있잖아요. 가장 편한 것은 서로 다른 것을 인정하면 됩니다.

【CD-<고향>-X1】

---

39 P. R. Moran, 앞의 책, 160쪽.

서로 다른 문화 간의 차이가 있기 마련이다. 우선 이러한 한국문화를 잘 이해해 주는 것이 아주 중요하다고 봅니다. 그리고 자기의 경험과 결합하고 입장을 바꾸면서 생각하는 태도도 필요하다고 생각합니다.

【CD-<빈처>-Y1】

상호문화학습을 통하여 많은 학습자들은 각 나라 문화마다 각자의 문화적 특징을 지니고 있으며 서로 다르다는 것을 인정해야 한다고 하였다. 학습자 X1과 학습자Y1의 양상을 보면 이는 문화 간 다양성을 존중하고 한국 문화에 대해 관용적 태도를 형성한 것이다. 다음 양상을 보면 학습자A는 문화 간 다양성을 인정함과 동시에 문화 간 공통된 부분에 감정이입하여 문화 간 공유할 수 있는 지점까지 추구하는 모습을 보였다. 아래는 학습자들의 상호 비판적 태도 형성 양상이다.

저는 이 작품의 내용과 목적에서 중국문화와 관련성을 찾고 싶다. 이 소설은 한국 당시 독재 정치를 비판하는 것인데 제가 궁금한 건 초등학교를 배경으로 한 것이다. 아직 아이들인데 과연 그렇게 독단적이고 诡计多端, 有目的性(꾀가 많고 목적성이 있다.)할까? 중국으로 가상해볼 때 아마 중국은 학교 학생을 통하여 사회를 비판하지 않겠지만 아마 이것은 문화 차이일 수 있다. 하지만 저는 이 소설을 읽고 너무 공감된다. 나는 노신 작품이 떠오르는데 노신 작품은 대부분 그 당시 사회와 국민을 비판하려고 했다. 특히 정부도 비판하였지만 민중의 麻木的神经(마비된 사상)을 가장 많이 비판하였다. (생략) 이 소설에서도 작가가 비판하려는 대상은 엄석대뿐 아니라 학생들인 것이다. 엄석대의 행위는 학생들이 조성한 것이기 때문이다. 그리고 권력이 있는 사람한테 아부하고 그 권력이 사라지면 금방 배신하고 자신의 이익을 챙기는 사람이 지금 이 사회에도 있다. 어느 시대, 어느 나라에서든지 이런 사람이 가장 비열한 것이다. 전 이 사회적 문제를 너무 잘 보여 준 이 작품에 대해 높이 평가하고 싶고 이런 작품이 필요하다고 생각한다.

【CD-<우리들의 일그러진 영웅>-A】

학습자A는 소설 <우리들의 일그러진 영웅>을 읽고 나서 궁금한 것이 왜 학교를 배경으로 설정하여 아이들에게 어울리지 않는 권위, 정치, 독재를 묘사하였는가에 의문을 제기하였다. 학습자A처럼 많은 학습자들이 작품 속 정치의 독재를 상징하는 엄석대와 독재 권력에 복종하고 우매한 민중을 대변하는 학생들에 감정이입하면서 비판하는 태도를 많이 보였다. 이 학습자는 중국의 작가 노신의 작품 속에 표현된 정치 독재와 중국의 봉건적 체제를 옹호하고 그 체제에 마비된 민중들을 관련시켜 유사성에 근거해 지금 시대의 권력을 행사하는 사람과 권력에 아부하고 자신의 이익을 챙기는 사람에 대해 비판하는 공통된 가치향유 지점을 찾았다. 이 학습자는 문화 간 차이에 대한 이해에서 멈추는 것이 아니라 자신의 감정적 실천을 통하여 공통된 가치를 찾고 그 지점에 이르는 노력을 하는 모습을 보였다.

우리는 장점을 발양하고 단점을 피해야 해요. 권리를 남용하면 사회에나 개인에게나 나쁜 영향을 줄 것이에요. 권위주의가 많은 단점이 있다고 생각한다. 권력이 있는 사람과 권력이 없는 사람 다 평등한 사람이다. 이런 권위주의 때문에 사람들이 자기의 생각과 의견을 제대로 말하지 못할 뿐만 아니라 자치 못하면 좋지 않은 인간관계를 일으킬 수 있다. 어떤 면에서 강한 사람은 약한 사람을 도와줘야 우리 사회가 더 발전시킬 수 있는 것이 아닐까?

【CD-<우리들의 일그러진 영웅>-H】

세계의 모든 문화는 각각 장점과 단점이 있다. 이런 한국문화의 장점을 선택하고 단점을 개선해야 한다. 한국 사람들은 술을 많이 마시지만 완전한 좋지 않은 문화가 아니다. 중국문화도 그렇다. 하지만 술 문화가 발달하기 때문에 건강에 나쁜 영향을 줄 수 있을 뿐만 아니라 가정관계도 나빠질 수 있을 것이다. 이런 점은 개선해야 한다. 그리고 남자들은 여자들이 지금 점점 사회에서 더 중요한 역할을 하고 있는 사실을 인정해야 한다고 생각해요.

【CD-빈처-Z1】

대부분의 학습자들은 <우리들의 일그러진 영웅>에 나오는 권위주의와 <빈처>의 남성중심문화와 술문화에 대해 비판하는 모습을 보였다. 학습자H와 학습자Z1은 모든 문화는 장점과 단점이 있고 장점은 살리고 단점은 극복해야 한다는 문화적 태도를 지니고 있다. <우리들의 일그러진 영웅>을 접하면서 비록 중국과 한국의 권위주의는 차이가 존재하지만 학습자들은 권위주의 문화에 대해 자신의 관점으로 비판을 하였다. 같은 맥락에서 학습자가 <빈처>의 남성중심문화와 술문화에 대해 비판을 해낼 수 있는 원인은 그 문화를 한국 문화로 바라보는 것이 아니라 여성의 관점에서 바라볼 수 있었기 때문이다. 이는 학습자가 복수적인 문화를 가지고 있으며 학습자 개인이 가지고 있는 문화라는 것은 국가나 민족의 문화로 포괄되거나 제한되지 않고 서로의 문화를 변화시킬 수 있는 가능성이 존재한다.

상호문화성이 차이점을 인정함과 동시에 문화 간의 결합을 위한 인간의 실천적, 윤리적 의지를 지녀야 한다는 것에서 이러한 윤리적, 실천적 의지는 자신의 문화성을 개방해 놓고 타문화에 감정이입을 하여 비판적 태도로까지 나아갈 수 있는 노력과 관련이 깊다.

이러한 비판적 태도는 아무 근거 없이 무조건 형성되는 것이 아니라, 객관적 이해와 근거에 기반을 두고 자국 문화에서 겪은 경험이 결합되어 이루어진 것이다. 또한 상호문화능력을 단순히 의사소통 능력으로 바라보는 대신

비평적 능력과 창조적 능력을 포함한 더 넓은 차원에서 접근하여야 한다. 학습자들이 능동적으로 문화를 식별하고 자신의 주장을 세우는 것이 중요하다. 자기 문화의 관점에서 타문화를 이해하고 수용하고 평가하기보다는, 자신의 객관적 사유와의 거리두기를 통하여 자기 문화와 목표문화의 차이를 전제하고 목표문화를 이해하고 평가하는 것이 바람직하다. 학습자는 그 사회의 문화를 이해하는 데서 나아가 목표문화와 관련하여 내려지는 일반화를 평가하거나 수정할 수 있는 능력을 키우도록 해야 한다. 즉 학습자들은 모두 자신의 견지에서 타문화를 비판적으로 바라볼 수 있으며 이러한 비판적 태도는 성숙된 논리로 발전해 나갈 필요가 있다. 다음은 다른 관점에서 비판적 태도가 필요한 한 예이다.

> 저는 한병태가 왕따 당한 장면은 공감하다. 학교에서 엄석대 이런 강한 사람이 꼭 있다. 저항하려면 조류에 거슬러서 주변 친구와 보내기가 힘들다. 자신이 왕따를 당하지 않기 위해서는 방법없이 남을 왕따시키여야 한다. 비록 한병태가 불쌍하기는 하지만 엄석대에게 복종하지 않고 반항하려면 어쩔 수 없다. 그래서 엄석대 대신 시험을 치주는 학생들을 어느 정도 이해할 수 있다. 그렇지 않으면 왕따를 당하기 때문이다.
>
> 【AD-<우리들의 일그러진 영웅>-A】

이 학습자는 한병태가 엄석대를 포함한 학생들에게 왕따를 당한 행위에 대해 공감하는 모습을 보였다. 즉 타문화에 나타난 왕따라는 행위에 대해 합리화 시키고 인정하는 태도를 보였다. 이는 개인적 가치와 관련된 문제일 수도 있겠지만 문화를 올바르게 바라보는 시각과 태도의 문제로 작용할 수 있다. 최근 한국에서는 학교 폭력과 집단 따돌림 현상이 청소년들 사이에서 큰 문제가 되고 있다. 물론 어느 시대, 어느 문화권에서 사람이 모여 사는 곳이라면 따돌림 현상이 일정 정도는 발생할 수밖에 없는 것이 비참한 현실이지만, 한국에서 특히 그 정도가 심한 이유는 사회 환경적인 측면에서 찾아볼 수 있다. 물론 학습자가 이러한 왕따라는 부정적인 현상을 단지 한국의 특유 사회 현상으로 본 것은 아니지만 그럼에도 학습자는 이러한 문화 현상에 대해 합리화하는 것보다는 거리두기를 통하여 타문화를 보다 객관적으로 바라보고 비판적 인식을 형성할 수 있어야 한다.

이 문제를 확대하여 봤을 때 문화 상대주의 중심 관점에서 해석될 수 있다. 문화 상대주의[40]는 일차적으로 타문화를 객관적으로 인식하려는 방식으로서, 국가 간 상호 불간섭주의를 표방한 것이라 할 수 있다. 이는 문화적 차원과 사회구조적 차원을 분리하여 인식하는 방식으로, 한 사회가 사회구조적 차원에서 후진성을 면치 못하고 있다 하더라도 문화적 차원은 나름의 의의와 구조적 체계화를 갖추고 있다고 보는 타문화 존중을 전제로 한다.

그러나 이러한 입장은 국가 간 문화를 상호인정 한다는 차원에서 문화를 국가의 독립적이고 주체적인 장으로 인식하는 듯하지만, 사실은 문화교류를 원천적으로 부정하고 있다는 점에서 문제적이다. 즉 이 입장에서 보면 문화교류 자체가 원천 봉쇄되는 측면이 있어, 각기 문화는 자문화 내에서만 의미를 가질 뿐 타문화의 교류와는 무관한 입장과 태도를 견지할 수밖에 없다. 이는 문화를 자체 내의 적응이라는 측면에 한정하여 이해함으로써, 실제적으로 현실에서 발생하는 문화갈등과 문화변용 현상을 간과하고 추상적 차원에서만 공존방식을 모색하고 있어 현실을 직시하지 못하는 한계점을 가지고 있다. 즉 일차적으로 문화상대주의라는 관점을 취할 경우, 타문화에 대한

---

40 문화 상대주의가 안고 있는 가장 큰 위험성은 윤리적 상대주의다. 어떤 특정한 문화가 모든 면에서 다른 문화보다 더 우월하거나 열등하다고 평가할 수 없을지라도 각 문화가 가지고 있는 윤리적 가치들은 보편적인 기준에 의하여 평가되지 않을 수 없기 때문이다. 김광억 외, 『문화의 다학문적 접근』, 서울대학교 출판부, 1998.

어떠한 문제도 제기할 수 없다는 사실이며 이런 입장에서는 타문화에 대한 비판 자체가 성립될 수 없다.

한국어를 배우면서 한국의 '한'의 정서에 대해서 계속 배워왔다. 수업에 선생 님들께서 자주 언급한다. 지난번에는 예전 베트남 전쟁의 동영상과 한국전쟁의 동영상을 보면서 '한'의 정서를 느끼게 하였다. 저는 오늘 농무를 배우고 나서도 그 '흥'으로 표현하려는 '한'이 더 슬픈 것 같다. '한'을 한국의 역사와 같이 생각하면서 한민족이 너무 불쌍한 것 같다.

【AD-<농무>-Y】

인용문은 <농무>를 통해 형성된 한 학습자의 태도 양상이다. 이 학습자는 한국의 '한'의 정서를 한국의 역사적 배경과 결합시켜 한국 문화에 대해 감정 이입한 모습을 보였다. 하지만 이 학습자는 '한'을 슬프다는 것으로 정의내리 고 '너무 불쌍하다'와 같은 지나친 감정 개입의 모습을 보였다. 타문화에 대한 '불쌍하다'는 정서적 태도는 타문화에 감정이입하여 적극 포용하겠다는 의지 가 담겨있기도 하지만, 극단적으로 보면 타문화의 부정적이고 소극적인 측면 만 보고 자문화가 더 우월하다는 자민족 중심적 태도로 문제화할 수 있기 때문에 문제적이다. 따라서 다양한 측면에 대한 이해와 함께 타문화에 대한 거리두기를 통하여 객관적으로 바라볼 수 있는 태도를 갖출 필요가 있다.

2) 자문화 성찰과 정체성 재정립

자문화 성찰과 정체성의 재정립은 학습자들이 자민족 중심주의에서 벗어 나 타문화와의 소통을 통한 자문화에 대한 새로운 인식, 자문화에 대한 비판 적 성찰과 새로운 담론의 형성 등 자문화에 대해서 향상되거나 변형된 자아

인식을 불러일으키는[41] 것이다. 이 부분은 크게 자문화 성찰과 정체성 재정립으로 나누어 볼 수 있다. 자문화 성찰적 태도 형성 양상을 보면 다음과 같다.

중국 지금 보면 이런 소중한 감정이라는 것은 점점 담백해지고 있는 것 같아요. 이게 큰 문제라도 말할 수 있어요. 예를 들면 같은 아파트에서 사는 이웃 사람들도 서로 모르는 경우가 많이 있어요. 사회는 발전하지만 사람과 사람 사이의 따뜻한 감정은 사라지고 소통이 끊어졌어요. 이런 문화는 안 좋은 것 같다.

【CD-<고향>-M1】

위의 양상은 학습자가 시 <고향>에 나타난 타문화의 지역공동체 의식과 정서에 대한 이해로부터 자국 문화로 회귀하여 지금 변해가고 있는 중국의 공동체문화에 대해 비판하고 성찰하는 모습이다. 시 <고향>에서는 낯선 곳에서 고향 사람을 만나서 매우 반갑고 따뜻한 감정을 느꼈다는 것을 통하여 인간과 인간의 감정, 그리고 지역공동체적 정서를 느낄 수 있다. 중국의 경우도 마찬가지로 예전에는 고향, 집단, 지역공동체적 의식이 강하고 그 속에 사람 간의 따뜻한 관계가 이루어졌지만, 지금은 물질적 문화가 발전하면서 개인주의가 강해지고 사람 간의 소통은 단절되고 있는 경우가 많다. 이 학습자는 이 점에 주목하여 자국의 문화에 대해 반성하고 성찰하였다. 자문화 성찰의 또 하나의 양상을 보도록 하자.

우리는 항상 몇 천 년 문화를 가진 국가로서 자랑한다. 하지만 우리문화는 문제점이 있기 마련이다. 이 소설을 배우면서 중국의 권위주의에 대해 생각해보았다. 이 소설은 한 나라의 독재, 그리고 엄석대 개인의 독재를 비판하고 있다.

---

41   P. R. Moran, 앞의 책, 163쪽.

엄석대는 권력이 있기 때문에 학생들이 모두 엄석대에게 복종하고 엄석대의 권력이 사라지면서 학생들은 엄석대를 배신한다. (생략) 그리고 중국사회를 보면 심지어 돈보다 권력이 더 중요하다고 한다. 왜냐하면 돈만 있고 권력이 없으면 소용이 없다. 그리고 권력이 있으면 돈이 들어오기 때문이다. 지금 중국에서 无权无势(권력이 없는) 사람은 가장 나약한 사회인이다. 취직할 때도 능력보다는 관계나 돈이 있으면 좋은데 취직할 수 있다. 저는 이러한 현상은 좋지 않다고 생각한다. 반드시 반성하고 꼭 버려야 한다. 그래야 사회가 더 발전할 수 있고 사람들이 행복해질 수 있다고 생각합니다.

【CD-<우리들의 일그러진 영웅>-J1】

이 학습자는 <우리들의 일그러진 영웅>에 나타난 권위주의적 문화에 대한 이해를 통하여 자문화에 존재하는 권위주의에 대해 비판하고 성찰하는 모습을 보였다. 이 학습자는 사회에 존재하는 민주적이지 못한 측면으로부터 중국 사회에서 힘을 발휘하는 권력, 그리고 개인의 취직에까지 영향을 미치는 서열 의식이 강한 권위주의 문화와 인정(关系) 문화 대해 비판하고 있다. 위 학습자는 중국의 권위주의에 대해 비교적 폭넓은 이해를 가지고 있었으며 자문화를 객관적으로 바라볼 수 있는 자세를 가지고 있다. 지금의 중국 사회에서 권력에 관한 문제는 이미 중요한 사회문제로 부각되고 있다. 특히 현재 대중들의 워이뭐(微博) 등 언론매체의 사용이 증가함에 따라 사회에 존재하는 부패와 불공정 거래에 관한 문제들이 밝혀짐에 따라 많은 중국인들의 관심사가 되고 있다.

상호문화교육에서 새로운 자신으로 돌아오는 모습에는 기존 자문화에 대해 인식하지 못했던 문제점을 발견하면서 성찰하는 모습도 포함된다. 이런 자문화 성찰은 타문화를 인정하고 수용하는 데 작용하는데, 나의 문화만이 옳다고 믿는 상황에서 타문화를 있는 그대로 받아들이라는 당위적 요구는 설득력이 없으므로 실질적으로 타문화를 포용하고 존중하기 위해서는 자신의 문화를 객관적이고 상대적으로 볼 수 있어야 한다. 또한 자문화와 거리두기를 함으로써 올바른 정체성 형성에 도움이 될 뿐만 아니라 비판과 성찰을 통하여 개인의 인성함양과 성장에도 도움을 줄 수 있다.

아래는 정체성 재정립 양상이다.

이 수업을 통해서 집단문화에 대해서도 생각해볼만해요. 저는 원래 한국문화와 중국문화에 관심이 많아요. 중국도 같은 지방에서 올라오거나 같은 학교 출신에 대해 많이 중시해요. 예전에는 그냥 그렇다고 생각했는데 배우고 나서 보니 중국도 집단문화가 심한 것 같아요. 중국도 한국처럼 '우리'라는 말을 많이 써요.
【CD-<고향>-P】

한국의 한의 정서에 대해 재미나게 배웠다. 그리고 이제는 한의 정서에 대해 잘 알 것 같다. 그리고 나서 저는 중국의 대표적인 정서는 무엇일까 라는 의문이 들었다. 하지만 잘 모르겠다. 열정? 勤劳(부지런함)? 중국은 민족이 많고 땅이 넓고 역사가 유구하여 어느 통일된 하나의 정서가 없는 것 같다. 저는 없다는 것이 좀 슬프다.
【CD-<농무>-Y】

위 양상을 보면 학습자P는 전에는 중국에서 같은 곳에서 오거나 같은 학교 출신에 대해 중시하는 것을 아무렇지 않게 생각하고 있었는데 상호문화학습을 통하여 이것이 집단문화의 한 단면이면서 중국도 집단문화가 강한 편이라는 것이라고 다시 느끼게 되었다고 하였다. 학습자Y는 수업에서 한국의 대표적인 정서인 한의 정서에 대해 배우면서 중국의 대표적인 정서가 무엇인가에 대해 생각하는 모습을 보였다. 결국 학습자는 대표적인 정서가 없다고 추리하면서 그 구체적인 답을 찾지 못하였지만 자문화의 대표적인 정서에 대해 탐구하는 자세는 자기 정체성 재정립에 도움이 된다. 이런 자문화 재정립은 자문화를 돌이켜보는 탐구적 태도의 체현인 것이다.

상호문화교육을 통하여 학습자의 문화 정체성은 폐쇄되어 있지 않고 개방되어 있으며, 문화 간 상호작용을 통하여 문화변용과 새로운 정체성이 형성된다. 이는 자아의 확장을 경험하는 과정의 결과이기도 하므로 교사는 학습자와 함께 그 답이 옳다는 것을 증명하거나 그 답을 찾아가면서 자문화에 대한 정체성을 재정립할 수 있다. 공동 연구자로서 교사는 학습자와 함께 형성된 자아에 대해 탐구할 수 있다.

Ⅳ. 문학작품을 활용한 상호문화교육의 설계

1. 문학작품을 활용한 상호문화교육의 목표

본 연구는 중국인 한국어 학습자들이 문학작품을 활용한 상호문화교육을 통하여 상호문화능력의 향상을 도모하는 것을 궁극적인 목표로 한다.

상호문화교육의 목적은 타인의 문화를 배우는 것이 아니라 타인과의 만남을 배우는 데 있는 것으로, 더 이상 문화의 학습이 아니라 주어진 상황에 맞는 행동을 적절히 수행할 수 있는 능력을 갖게 하는 데 있다. 상호문화교육의 상위목표를 문화 간 의사소통 실제상황에서 다른 사람들과 성공적으로 소통하는 능력으로 본다면 이 상위목표를 구성하는 하위목표는 어떤 것이 있는가에 대해 살펴보아야 한다.[1]

---

[1] 상호문화교육의 목표는 여러 학자들에 의해 각기 다르게 제기된바가 있는데 대부분 목표를 크게 지식, 이해, 행동 차원으로 나뉘어 설명하였다. 실리(Seelye, 1988)는 서로 다른 문화 간 의사소통 기술의 발달을 촉진시키기 위한 목표를 7가지로 제시하였다. (1) 모든 사회에서 인간들은 문화적으로 조건화된 행동을 보임을 이해. (2) 모든 언어에서 나이, 성, 사회적 역할, 사회적 지위 등 사회적인 변인이 인간들이 말하고 상호작용하는 방식을 결정함을 인식. (3) 모든 사회에서 인간들은 공통적인(또는 전형적인) 상황에서 관습화된 언어를 사용함을 인식. (4) 제2언어/외국어의 단어와 구가 내포하는 문화적인 함의를 인식. (5) 실제

상호문화교육의 핵심이 타인과의 만남을 배우는 것이지만, 실제 만남을 통한 접촉은 외국어 교실 수업이라는 특수성을 고려할 때 학습의 장에서 이루어지기가 어렵다. 따라서 그에 대한 대안으로서의 교육 목표를 구성해야 할 필요가 있다. 문학작품이 상호문화교육의 적절한 제재라는 점과 한국문학 수업이 문화 간 만남의 좋은 장이 될 수 있다는 점은 앞에서 이미 진술하였으므로, 본 장에서는 Ⅲ장에서 학습자들의 문학작품을 통한 상호문화교육 양상을 분석한 것을 바탕으로 다음과 같은 목표를 제안한다.

1) 인지적인 측면

① 자문화와 연관시켜 타문화 인지

자문화와 연관시켜 타문화 인지의 목표는 문화 간 의미층위를 연결시킬 수 있는 능력을 지향하는 것을 말하며 타문화를 자문화와 비교하여 인지하며 문화 간 차이점과 공통점을 발견하고 상대화 시킬 수 있는 능력을 추구하는 것이다.

② 심층문화 식별

한 문화의 특징을 만드는 것은 심층구조이며 문화의 심층구조는 상호문화적 의사소통에 영향을 미치며 사람들의 정체성 형성을 돕기 때문에 한국문화의 표층문화로부터 심층문화를 식별할 수 있는 능력을 확보하는 것이다.

생활에서의 증거와 경험을 바탕으로 제2언어/외국어 문화에 대한 일반화를(그리고 선입견을)평가하고 수정하는 능력을 키움. (6) 다른 문화를 탐사하는 능력, 즉 다른 문화에 대한 새로운 정보를 찾고 조직하고 평가하는 능력을 키움. (7) 제2언어/외국어 문화에 대한 지적인 호기심, 그리고 다른 문화의 구성원들에 대한 이해, 존경심과 다른 긍정적인 태도를 가짐. H. N. Seelye, *Teaching Culture: Stategies for Intercultural Communication*, National textbook Company, 1984.

2) 해석적인 측면

① 타문화에 대해 다양한 관점 취하는 기술 습득

학습자들이 주체적이고 능동적으로 타문화를 해석하고 의미를 구성하면서 자신의 문화적 지평을 확대하는 것을 목표로 한다.

② 자신의 고유관점을 변화할 수 있는 능력 함양

타문화의 입장과 역할 바꾸기를 통하여 타자의 시각에서 자신의 관점을 돌이켜보면서 자민족중심에서 벗어나는 것을 목표로 한다.

③ 문화 간 보편성과 특수성을 이해할 수 있는 능력 함양

중국 문화와 한국 문화를 상대적으로 이해하며 문화 간 갈등 상황을 효과적으로 대처하는 것을 목표로 한다.

3) 태도적인 측면

① 문화 간 차이 수용 능력 증진

문화 간 차이에 대한 수용 능력을 증진하기 위해 한국 문화에 대한 개방적이고 긍정적 태도를 형성해야 하며 문화의 다원성, 상대성과 보편성에 대한 인식의 확장이 필요하다.

② 자문화 성찰적 태도 형성

이는 자민족 중심주의 태도에서 벗어나 중국 문화에 대해 성찰하는 것으로 타문화를 포용하는 데 작용하며 또한 올바르고 새로운 정체성 형성에도 도움이 된다.

2. 문학작품을 활용한 상호문화 교육의 내용

목표문화와 자국 문화의 차이점과 공통점을 인지하고 문화 간 상호작용의 과정 속에서 문화 상대주의적 태도를 학습하고, 자신의 정체성을 인식해가는 과정이 되는 교육의 내용은 (1) 상대성 감각 형성, (2) 문화 간 대화와 보편성 탐구, (3) 문화 다양성 인정과 타문화 감정이입으로 구성된다. 이는 Ⅲ장의 학습자들이 보여준 상호문화교육의 양상을 바탕으로 한다.

1) 상대성 감각 형성

이 교육 내용은 중국인 학습자라는 특수성에 의해 특별히 강조되어야 할 부분이기도 하다. 중국 문화와 한국 문화는 동일한 유교권·동양권 배경하에서 다르면서도 많은 부분 중첩되어 있다. 반대로 사회·역사가 발전하는 방향과 배경이 다름으로 인해 비슷한 문화 부분 속에서도 서로 다른 모습이 존재한다. 즉 한국과 중국의 문화를 비교해볼 때 비슷하면서도 다르고, 다르면서도 비슷한 것이 특징이다. 이로 인해 중국인 학습자들은 한국 문화에 대한 이해가 상대적으로 쉬울 수 있는 반면에 차이점의 모호성으로 인해 자칫 소통의 장애를 겪을 수도 있다. 따라서 자문화에 대한 올바른 이해를 전제로 문화 간 영역을 확립(Establishing a sphere of interculturality)[2]하는 것이 중요하다.

'문화 간 영역'은 다른 문화와 자신의 문화와의 관계를 성찰하는 것을 말한다. 즉 타문화에 대한 지식을 획득한 후에 그것이 자신의 문화와 어떤 교집합과 차이점이 있는지를 발견하도록 요구하는 것이다. 특히 한·중 양국의 활발한 문화교류로 인해 학습자들은 이미 한국 문화에 대해 기본적인

---

2   C. Kramsch, 앞의 책, 205쪽.

이해가 이루어졌지만, 역으로 고정관념도 많이 형성하였기 때문에 그 대안적 방법으로 상대성 감각을 개발하여야 한다.

Ⅲ장에서 살펴본 것처럼 학습자들은 문화 간 공통점과 차이점을 발견할 수는 있었지만 인지한 내용이 확실히 문화의 일부분인지, 중국 문화인지, 한국 문화인지를 정확히 구분하지 못하는 자문화 '당연시'와 타문화 '단순 지각'의 문제점을 가지고 있다. 이는 타문화에 대한 지식이 부족한 원인도 있겠지만 자국 문화 부분에서 어려움을 겪는 경우가 대부분이다. 즉 학습자들의 문화적 자기 확인이 이루어지지 못하고 있는데, 이는 실제 상호문화적 소통을 방해한다. 상호문화적 관점에서 문화적 자기 확인을 살펴보면 문화적 자기 확인이 너무 협소할 경우 타문화와의 소통을 원활하게 시작할 수 없으며 너무 넓을 경우 정체성의 중심을 유지하지 못하기 때문에 상호 소통을 희석시키고 그 결과 문화적 차이를 고려하지 못하고 문화의 혼합에 그치고 말 것이다.[3] 따라서 자기 확신을 통한 상대성 감각은 상호문화 소통을 위한 토대로 작용하며 모든 문화적 이해 과정은 각각 학습자의 문화적 정체성의 지평에서 이루어진다.

2) 문화 간 대화와 보편성 탐구

문화 간 대화는 문화적 상호작용을 통하여 상호문화 이해로 나아가는 과정이며 넓은 의미에서는 문화 간 충돌을 극복하는 데 중요한 단서를 제공한다. 문화 간 대화는 주체의 역할을 강조하며 궁극적으로 학습자 자신의 문화적 지식과 문화적 경험의 지평을 확대하려고 하는 것이다. 상호문화교육에서

---

3 Claudia Bickmann, R. A. Mall 외, 주광순 외 옮김, 『상호문화 철학의 논리와 실천』, 시와 진실, 2010, 9쪽.

'문화 간 소통'의 지점을 지향하는 것이라 할 때 그것은 타문화를 이해하는 차원을 넘어 학습자 스스로가 문화 체험과 생산의 주체로서 성장하는 과정을 내포하게 된다. 즉 학습자 스스로 해당 사회의 문화를 해석하고 비판하고 향유해나가는 주체화의 과정인 것이다. Ⅲ장 2절에서 학습자들은 주체성을 능동적으로 유발하면서 자문화와 타문화에 대한 경험적 지식을 활성화하여 문화 간 대화를 촉진하고 타문화를 재구성하여 문화적 경험을 확장해가는 모습을 보였다.

또한 문화 간 대화는 타자를 이해하는 접근통로에만 그치지 않고 '타자를 통해 자기 자신을 이해'하게 만든다. 문화 간 대화의 구조는 자기와 타자, 고유성과 낯선 것을 드러내며 차이와 같음의 긴장 속에서 이해의 지평을 확장시키는 것이다. Ⅲ장에서 보면 학습자들은 내부자 시각에 입각하여 타자에 대한 자신의 관점을 전환하고 타자의 시각에서 자신의 관점을 고찰하는 모습을 보였다. 하지만 타자의 시각으로 자신을 바라볼 수 있는 능력은 결코 쉬운 일이 아니다. 중심탈피 능력은 선천적이지 않기 때문에 체계적이고 객관적인 학습이 필요하다. 이때 문화 간 대화를 통하여 자신의 참조기준을 객관화하고 그것과 거리를 두어 절대적인 상대주의에 빠지지는 않으면서 일련의 지속적인 중심탈피를 거쳐 상대성을 배워나감으로써 다른 관점들이 존재한다는 사실을 받아들일 수 있게 해야 한다.

상대성을 이해하는 또 하나의 방법은 문화의 보편성 탐구이다. 보편성의 탐구는 학습자들에게 문화가 가지고 있는 보편성에 대한 이해를 통해 차이에 대한 보다 설득력 있는 이해가 가능하게 됨을 의미한다. 즉 보편성의 탐구는 학습자들이 자신과 다른 것을 배척하지 않고 이해하기 위해서 자기의 세계와 타자의 세계 간의 연결고리를 탐색하는 작업이다. 이에 상호문화교육에서는 공통된 생활방식으로서의 문화에 대한 이해를 바탕으로 문화의 다양성에 대한 이해가 이루어져야 한다. 상호문화적 의사소통의 관점에서 한국문화교육은 중국 문화와 한국 문화의 차이에 주목하는 단계를 넘어 이 문화들이 지니는 보편의 구조와 토대를 발견하여 연관성을 찾고 그 기반에서 소통을 이루는 방향으로 나아가야 한다.[4]

이 부분에서 상호문화교육은 문화를 배우는 것이 아닌 타인과의 만남을 배우는 것이라는 것을 다시 한 번 강조하고자 한다. 사실 문화 지식이 있다고 해서 반드시 이해를 더 잘하는 것은 아니다. 오히려 그 지식은 집단의 '대표성'만을 함의하기 때문에 이해 과정에서 학습자 개인의 타문화 이해에서는 배경 역할로만 작용할 뿐이다. 그렇다고 해서 문화 지식 자체를 무용지물이라고 생각해서는 안 되겠지만, 집단의 문화적 특성과 개인을 무조건 일대일로 대응시키는 것은 분명 재고해야 한다. 학습자들은 문화적 차이에 대한 지식보다는 상황을 분석할 수 있는 능력을 길러야 한다. 다시 말해 문화적 특징에 대한 지식이 교육적 행위에서 필수적인 것이 아니라면 교사는 학습자들에게 상황을 이해할 수 있는 능력을 신장시켜 줄 필요가 있다.[5] 이에 문화 간 대화를 통하여 타문화를 주체적으로 탐구하고 타자와의 만남을 배우는 것은 본 연구의 중요한 교육 내용에 해당한다.

3) 문화 다양성 인정과 타문화 감정이입

문화 다양성 인정[6]은 타문화에 대해 열린 마음으로 내재적 다양성을 수용

---

4   문화의 역동적 성격으로 상호문화교육에서 학습자는 이중부담을 겪게 되는데, 흔히 알고 있는 타문화와 자문화 간의 관계에서 오는 것과 다른 하나는 과거 문화와 현대 문화 사이의 관련성이 소통에 영향을 미치는 것이다. 실제 문화 간 의사소통에서 작용하는 것은 '지금의' 문화이기 때문에 현재의 문화에 대해 익숙하면서 과거와 현재 문화를 관련 맺고 소통하고 적용할 수 있어야 한다.

5   Martine Abdallah Pretceille, 앞의 책, 96-97쪽.

6   문화적 편견이나 충돌, 갈등은 낯선 문화 속에서 던져진 자신을 보호하고자 자신에게 익숙

하고 존중하는 것으로 상호문화교육에서 중요한 목표이자 교육 내용이다. 학습자의 감상문을 보면 타문화에 대한 존중과 비판은 자문화에 대한 성찰과 함께 이루어졌다는 것을 찾아볼 수 있다. 이때 자문화에 대한 다양성 인정과 성찰은 타문화의 다양성을 인정하는 데 영향을 미친다.

구체적인 예를 Ⅲ장 3절의 양상을 통하여 볼 수 있다. 학습자들이 타문화 수용에서 '取長補短'(장점을 취하고 단점을 보완하다.), '入乡随俗'(그 고장에 가면 그 고장의 풍속을 따라야 한다. 로마에 가면 로마법을 따라야 한다.), '因人而异'(사람에 따라 차이가 있다.), '各有千秋'(제각기 존재의 가치(특색)를 지니고 있다.) 등 성어(成语)를 많이 사용하였는데 이는 중국의 문학·문화 교육관에서 찾아볼 수 있다. 중국은 고급 문화적 전통에 해당하는 문화적 유산이라는 문화관, 생활양식으로서의 문화관을 견지하고 있기 때문에 언어문화의 일종으로서의 문학의 교육은 인문성의 함양을 특별히 강조하는 인문 소양의 형성을 궁극적 목적으로 삼게 된다.[7] 즉 중국에서는 문화를 인간을 교육하고 교화시키는 것으로 이해하고 문화 소양 함양을 교육의 목적으로 하고 있다. 따라서 이러한 자국 문학 교육을 받아 온 중국인 학습자들은 문화적 차이를 존중하고 자아를 성찰하는 사고에 익숙하다. 이때 자아 성찰적 사고에 익숙하다는 것은 학습자 스스로의 정체성과 사회문화에 대한 판단력과 문화적 능력을 갖게 된 것을 말한다. 자신의 고유한 다양성을 인정하는 것은 타인의 다양성을 인정하는 필수 조건 중 하나이며 자신의 내적 다양성과 존재의 복수성을 인정하지 못하는 사람은 타인의 다양성을 이해할 수 없다.[8]

상호문화성의 개념을 다시 재고해보면 문화의 다양성 인정과 함께 '상호

한 문화를 지키려는 심리적 기제인데 여러 문화의 다양성을 인정하는 순간에 극복이 가능하다. 강승혜 외, 앞의 책, 33쪽.

7 남연, 「한중 현·당대 문학 교육 비교 연구」, 서울대학교 박사학위논문, 2006, 114-116쪽.

8 Martine Abdallah Pretceille, 앞의 책, 31쪽.

존중을 매개로 한 공통된 문화의 창출'이다. 문화적 다양성의 존중과 공통성의 지향을 어떻게 양립시킬 수 있는가는 윤리적 문제로 해결책을 찾을 수 있는데[9] 이 윤리는 감정이입 정서를 통하여 구현될 수 있다.[10] 상호문화능력에는 타민족의 입장에 서서 배려하고 존중할 수 있는 감정이입[11]이 필요하며 자문화중심 탈피를 위해서는 감정이입 능력을 향상시킴으로써 가능하다.[12]

감정이입은 모든 협상과 적응은 자신을 타인의 입장에 놓을 수 있는 능력, 자신을 다른 관점 속에 던질 수 있는 능력 등 역지사지의 자세이다. 이때 타문화에 대한 지나친 감정이입은 문화적 상대주의를 유발하고 타문화에 대해 객관적인 판단이 이루어지지 못하게 할 위험이 있다. 따라서 타문화중심 탈피를 위해서는 타문화에 대한 거리두기가 필요하다. 거리두기를 통하여 타문화를 보다 객관적으로 바라보고 비판적 인식을 형성할 수 있다.[13]

---

9 위의 책, 86쪽.

10 박인철, 앞의 글, 129쪽.

11 문화적 감정이입 능력(cultural empathy competence)의 중요성은 이미 여러 학자들에 의해 주목된 바 있다. (R. Bell, Social Involvement, In J. McCrosky & J. Daly(Eds) *Personality and Interpersonal Communication*, Bevery Hills, CA: Sage, 1987; B. J. Broom, Building Shared Meaning Implication of a Relational Approach to Empathy for Teaching Intercultural Communication [J]. *Communication Education*, 1991.; L. A. Samovar & R. E. Porter, *Communication Between Cultures*, 6-th Ed., Thomson, 2007)

12 Martine Abdallah Pretceille, 앞의 책, 141쪽.

13 이때 감정이입이 무의식적이고 자의적인 성격을 가지고 있는 반면 공감은 자의적인 것이 아니라 상대방을 이해하기 위한 동기에서 시작되는 일종의 목적지향적인 행동이라는 데서 타문화에 공감할 수 있는 능력을 지향할 수 있다. 공감은 대상에 대해 적극적인 관심을 갖는 타자지향적 태도를 바탕으로 한다. 공감은 보편적인 이해가능성, 소통가능성을 전제하고 있는 용어이다. 미드(Mead, 1934)는 공감이 사회적 상호작용을 촉진시켜준다고 제시하였다. 박성희, 『공감학』, 학지사, 2004, 30-48쪽.

3. 문학작품을 활용한 상호문화 교육의 방법

이 책에서는 상호문화교육의 방법을 다음의 실질적인 교수 원리에 통합시키고자 한다.[14]

첫째, 일방성이 아닌 '상호성'의 원리이다. 학습자들은 목표문화뿐 아니라 자신의 문화도 인식하게 하여 서로 다른 문화 간 이해를 성취해야 한다.

둘째, 실용성만이 아닌 '교육성'의 원리이다. 교수 내용 구성에서 문화를 산발적·분리적으로 교수할 것이 아니라 문화적 요소 간의 긴밀한 연계가 담보되어야 하며 타문화가 가진 문화적 특징과 관련된 지식을 체계적으로 학습해야 한다.

셋째, 가치중립적이 아닌 '가치 지향적 특성'을 가져야 한다. 수업에서 다루는 지식체계는 학습자의 욕구·흥미에 관련된 동기지향과 함께 학습자의 경험세계로 편입될 수 있는 것이어야 한다. 즉 한국 사회의 가치체계를 내면화하며, 구체적인 선택 상황에 직면했을 때 그것을 기준으로 행동할 수 있도록 돕는다. 이에 지식의 실제적 활용을 중시하는 수업내용이 필요하다.

넷째, 수동적이고 강제적이 아닌 '자율적 학습 능력'을 갖춘 주체의 역할이 강조되어야 한다. 상호문화접근을 기반으로 하는 수업에서는 학습자를 수업의 중심이자 주체로 보고, 그들의 자율성(Autonomy)을 보장하고 인정하는 것이 기본 전제가 되어야 한다.[15] 필요한 정보를 일방적으로 전달하는 것이

---

14 이 부분은 최정순(2013) 논의를 참조하여 재구성하였다.

15 상호문화학습 방안을 살펴보면 트리안디스(H. Triandis)는 상호문화적 능력을 향상시키기 위한 모델을 '인식 → 연합 → 자율'의 학습 단계로 나누어 제시한 바가 있다. 이때 자율성을 강조하는 상호문화학습은 비전문가나 초보자로 시작하여 숙련된 전문가 단계로 나아간다. Bhawuk, D. & Triandis, H.(1996), *"The role of culture theory in the study of culture and intercultural trainning"*, Landis, D.&Bhagat(eds.), R.S., *Handbook of intercultural trainning(2nd ed.)*, Sage publications, 17-34쪽. 손예희, 앞의 논문, 29쪽 재인용.

아니라 학습자 스스로 수집/처리할 수 있는 전략을 키울 수 있도록 주력해야
한다.[16]

교육 방법의 원리와 통합시켜 이 책에서는 문화 간 상호작용 중심, 주체생
산 중심, 활동 중심의 교육 방법을 구안하여 구체적으로 자문화와 비교하기,
토론을 통한 관점의 다양성 확보, 역할놀이를 통한 시각의 전환, 상호관련
텍스트를 통한 문화경험의 확장, 구술을 통한 문화 간 수용으로 구성하였다.

이 논문에서는 교육 효과를 검증하기 위해 재한 중국 교환학생 3학년 학습
자 8명[17]을 대상으로 <고향>, <농무>, <빈처>를 중심으로 실험을 진행하였
다. 검증실험은 제시한 방법을 바탕으로 상호문화교육을 실행한 후 학습자들
의 감상지, 수업 대화, 면담 자료를 분석하여 교육 효과를 살펴보았다.

---

16 상호문화 학습 첫 단계에서는 교사 주도적인 교수-학습 활동으로 시작하여 학습자 주도적
인 교수-학습 활동으로 나아가야 한다. 교사 주도적인 교수-학습 활동에는 교사가 목표를
설정하고 진행하는 일방적인 교육 활동이지만 그 절차 내에서 학습자 참여를 최대한 확보
하는 것이다. 문화교실 수업에서 교육 방법 분류는 다음과 같다.

	강의	문화 특강, 문화 강좌, 설명회
교사 주도	언어 수업	문화주제 수업, 문화 소재 활동, 정보 수집, 활동, 문화 퀴즈, 비언어 의사소통 행동 교육, 비교 문화적 화용 교육, 멀티미디어 수업, 문화 여담, 문화 자료 제공
	문화 전용	문화 감지 도구, 문화 캡슐, 동작을 통한 지도, 신문, 문화섬, 문학, 문화 주제 워크숍
학습자 주도		역할극, 토의, 토론, 문화 주제 발표, 연극, 게임(속담, 고사성어, 비유, 과용 표현), 에피소드 이야기, 노래

강승혜 외, 앞의 책, 234쪽.

17 검증실험에서는 중국의 대학교 학생들의 수준과 특성에 최대한 맞춰 교환학생 8명을 선별
하였다. 참가한 학습자들의 신상정보는 다음과 같다. 학습자 중 여성 6명, 남성 2명이며
5급 학습자 5명, 6급 학습자 3명이다.

1) 자문화와 비교하기

상호문화학습에서 타문화에 대한 이해는 자문화로부터 출발하며 자문화와의 비교에서 이루어지고 문화 간 상호작용을 통해 상호문화이해에 도달하기 때문에 자국 문화와의 비교의식과 문화 간 상호작용 활성화는 수업 초반부터 형성하는 것이 중요하다. 구체적인 학습 방법으로 자신을 알기, 교사 질문을 통한 비교의식 활성화, 브레인스토밍을 통한 배경지식 활성화하기가 있다.

(1) 자신을 알기

자신을 알기는 학습자들이 타문화에 대한 우리의 태도와 지각을 검토하는 것이다. 이때 타문화에 대해 형성되어 있는 고정관념을 확인하는 것이 중요하다. 타문화에 대한 고정관념을 확인하는 것은 상호문화학습 첫 수업에서 진행하는 것이 바람직하다. 로세리(F. Lorcerie)의 주장에 따르면 고정관념을 미리 알아보는 작업은 효율적인 상호문화적 활동을 실시하는 데 필수적이다.[18] 따라서 중요한 것은 첫 번째 단계를 보다 폭넓고 장기적인 활동 속에 포함시키는 것이다. 사회심리학에서는 분류와 범주화를 인간 특유의 자연스러운 인지 과정으로 본다. 인간은 본래 주위 환경에서 얻은 정보를 자신의 목적, 필요, 가치 등과 같은 기준에 따라 조직하는 경향이 있다. 하지만 어떤 한 범주에 부여된 특성이 이 범주를 구성하고 대표한다고 여겨지면 바로 그때 고정관념이 생겨나게 된다. 상호문화교육에서 가장 중요한 것은 타인과의 관계 속에서 협상할 수 있고, 스스로를 발견할 수 있는 상호주관적 표상을 만들어내는 것이다. 하지만 이는 우리의 의지만으로 이 목표에 도달할 수

---

18 Jennifer Kerzil & Geneviève Vinsonneau, 앞의 책.

없으므로 일련의 활동을 통해 타인에 대한 고정관념을 확인하고 분석하고 비판적 안목을 길러야 한다.

> 지난번에 한국 선생님이 수업에서 화를 내서 학생들을 혼냈다. 어떤 학생들은 선생님을 길에서 만나면 인사도 안하고 그냥 웃으면서 도망갔다고 했다. 아마 중국 선생님한테 표정이나 말로 인사하면 되기는 하지만 한국 선생님한테는 반드시 허리를 굽혀야 하는 것 같다. <u>한국 사람들은 권위적이다.</u> 예의를 잘 지키는 면에서는 좀 괜찮지만 너무 불편하다.
>
> — 학습자C

이 학습자는 자신의 경험을 통하여 예의를 중시하는 한국 선생님의 모습을 보면서 한국 사람들은 권위적이라는 고정관념을 갖고 있다. 이때 교사는 주도적인 역할로 학습자들이 자신을 알아갈 수 있도록 도움을 주어야 한다. 교사는 고정관념을 확인하고 나서 형성된 원인을 학습자와 함께 분석하는 과정이 필요하다. 이렇게 수집한 정보는 학습들의 타문화에 대한 고정관념, 편견 등 문화 간 소통에 영향 줄 수 있는 잠재적 문제들을 확인하고, 이러한 태도의 원인에 대한 설문이나 비판적인 독서를 위한 기초자료로도 사용될 수 있다.[19]

이런 활동은 우리의 모든 확신과 참조체계의 자의성과 상대성을 인식하게 하며, 또한 자기를 타인의 위치에 놓아본다는 의미에서 우리의 주관성을 이동시켜 타인의 주관성에 다다르게 하는 장점이 있다.[20] 물론 고정관념을

---

19 이런 활동은 우리의 모든 확신과 참조체계의 자의성과 상대성을 인식하게 하며, 또한 자기를 타인의 위치에 놓아본다는 의미에서 우리의 주관성을 이동시켜 타인의 주관성에 다다르게 하는 장점이 있다. Maddalena De Carlo, 앞의 책, 135쪽.

20 Maddalena De Carlo, 앞의 책, 135쪽.

확인하고 나서 교사가 일방적으로 학습자들에게 고정관념을 버리라고 강요할 수는 없지만, 확인하는 과정을 통하여 학습자들이 목표문화에 대한 자신의 관점을 잘 이해할 수 있다. 예를 들면 학습자들이 한국에 대해 가지고 있거나 만들어낸 표상, 평가, 기대, 지식 등에 관한 설문지를 통해 이러한 활동을 실시해 볼 수 있다. 설문지를 통하여 고정관념을 확인하고 나서 그런 것들이 어떻게, 왜 형성되었는지 깨닫는 활동을 할 수 있다. 나아가 다음 질문에 관하여 학급 전체 논의를 진행하는 것, 관련된 보충 자료를 제시하여 사실을 입증하는 등 다양한 활동을 실행할 수 있다.

- 어떤 고정관념이 가장 자주 언급되었는가?
- 이러한 생각들은 어디에서 왔는가?
- 당신의 견해는 사실인가? 왜 사실인가?/왜 아닌가?

(2) 교사 질문을 통한 비교 활성화

실제 교육 현장을 보면 학습자들이 자발적으로 한국 문화를 중국 문화와 관련 지어 이해하는 경우는 드물다. 특히 중·한 문화, 문학 비교수업이 아직 보편화되지 못한 상황이어서 학습자들은 주체적으로 중국 문화와 비교하여 타문화를 이해하는 데 다소 어려움을 겪고 있다. 이때 교사는 보조자로서 학습자가 능동적으로 양국 문화를 비교하고 분석할 수 있도록 도움을 주어야 하며 교사는 질문을 통하여 학습자들의 문화 간 상호작용을 활성화시킬 수 있다.

특히 상호문화수업에서 문화요소 간의 관계를 고려하여 타문화가 가진 문화적 특징들을 체계적으로 교육해야 하고 자칫 비교를 잘못하여 문화 간 차이만을 강조했을 경우, 소통보다는 단절을 조성할 수 있기 때문에 이러한 맥락을 고려하여 교사들은 자신의 질문 행태를 자각할 필요가 있다. 교사는

다음과 같은 질문을 할 수 있다.[21]

1. 목표문화 현상과 유사한 모국 문화 현상에 대한 정보를 묻는 질문
2. 학습자의 문화적 정체성을 인식하게 하는 질문
3. 목표문화와 모국 문화를 비교/대조하는 질문

다음의 자료를 보면 실제로 교사가 어떻게 질문을 통하여 학습자의 문화 간 비교를 활성화할 수 있는지 확인할 수 있다. 이 부분은 시 <고향> 속에 나타난 '고향을 묻다' 문화적 행위를 통하여 그 속에 깔린 한국의 공동체 의식, 집단문화, 우리 문화를 이해하는 것을 목적으로 하는 교육 내용이다. 교사는 자신이 질문해야 하는 부분을 잘 파악하고 있는 상태이다.

T: **이 부분에 대해 의문 되는 점이나 공감되는 부분 있나요?** ①

S: (침묵), (고개 끄덕)

T: 병원에서 '나'는 의원을 처음 만났어요.~ 의원은 말없이 맥을 짚다가 처음 말을 걸었는데 무슨 말을 했어요?

S: 고향이 어데냐 한다. 고향이 어디냐고 물었어요.

T: **아~ 그럼 중국에도 처음 만난 사람보고 고향이 어디냐고 묻는 습관이 있나요?** ②

S: (이구동성) 있어요.

T: **여러분은 이런 경험을 겪은 적이 있나요?** ③

S1: 중국도 고향을 물어요. 저는 지난번 같이 교환 온 중국학생 보고 고향이 어디냐고 물어봤어요.

---

21   정우향, 앞의 책, 246-247쪽.

T: 그때 왜 물어봤어요? ④

S1: 궁금해서 물어봤어요. OO학교에서 왔는데 저희 학교랑 가까워요. 반가워서 예기 좀 하다가 고향이 같았으면 하는 마음이 있어요.

(생략)

T: 그럼 이 시에서 의원은 왜 물어봤을 것 같아요? ⑤

S2: 이것…음…그런 것 같아요. 만약에 고향에서 온 사람이 있고 서로 만나게 되면 무척 기뻐요. 마치 친척을 만난 것 같아요.

T: 우리는 고향 사람을 만나면 왜서 기쁠가요? 어떤 정서일까요? ⑥

(생략)

교사의 발화①을 보면 교사는 학습자에게 직접적으로 중국과 비슷한 문화현상이 있는가를 질문하는 것이 아니라 학습자의 느낌을 물어보면서 자발적으로 중국 문화와 비교하여 생각하는 기회를 제공해준다. 이때 학습자들이 침묵을 하는 모습을 보일 경우 교사는 발화②에서처럼 중국에도 비슷한 문화현상이 있는지 묻는다. 학습자들의 활발한 참여를 유도하고 중국 문화의 스키마를 활성화하기 위하여 교사는 발화③처럼 학습자 개인의 문화적 경험을 묻는다. 이 질문에 학습자는 자신의 경험을 서술하였는데 이때 교사는 발화④⑤⑥처럼 이 문화적 행동의 심층적인 원인 탐구를 한다.

이러한 질문 유형은 ①처럼 단순히 목표문화와 유사한 모국문화에 대한 정보를 묻는 것만이 아니라, 두 문화 사이의 유사점과 차이점을 발견하고 개별적인 사실들 밑에 깔린 해당 문화의 가치관과 태도 등에 대한 이해를 바탕으로 문화 간 해석 능력을 신장시킬 수 있다. 또한 학습자들은 수업에서 이러한 교사의 질문 경험을 통하여 상호문화의식을 키우고 반복되는 경험을 통해 자발적으로 중국 문화와의 상호작용을 통해 타문화를 탐구할 수 있다.

(3) 브레인스토밍을 통한 배경 지식 활성화하기

상호문화교육에서는 학습자들의 주체성을 강조하며 학습자 각자가 지닌 배경지식을 활용하여 타문화를 능동적으로 해석할 수 있는 접근이 필요하기 때문에 배경지식 활성화는 그 밑거름이 된다. 학습자들의 중국 문화와 한국 문화의 배경지식 활성화는 브레인스토밍(Brainstorming)을 통하여 이루어질 수 있다.

이 책에서는 브레인스토밍 전략 중 하나인 오글(Ogle, 1986)의 K-W-L 모형을 제시하고자 한다.[22] 이는 학습자들로 하여금 이미 알고 있는 지식을 활성화하도록 돕는 전략이다. 그는 읽기 전 단계에서는 학습자들이 이미 알고 있는 것(K-what I know)과 텍스트를 통해서 알기를 원하는 것(W-What I want to know)을 기록하고, 읽기 후 단계에서 알게 된 것(L-What I learned)을 분류해 보는 방법을 제안하였다. 먼저 'K-W-L' 도표의 제일 윗부분에 제시할 문학작품의 중심 주제를 적는다. 학생들에게 주제에 관하여 알고 있는 모든 것(자문화와 타문화)을 생각하게 하고 'K-아는 것' 항목에 기록하게 한다. 그리고 'W-알고 싶은 것' 항목에 학생들의 알고 싶은 질문을 기록하고 학생들 스스로 질문에 대답할 수 있는 정보들을 찾게 하며, 주제에 대한 이해를 확장시키도록 한다. 마지막으로 작품을 읽고 찾아 낸 새로운 문화지식을 'L-배운 것' 항목에 기록한다.

시 <고향>을 예로 들어 실제 학습자들의 활동을 보면 다음과 같다.

'고향'에 관한 'K-W-L'		
K(아는 것)	W(알고 싶은 것)	L(배운 것)
중국문화 부분: 고향이 그립다, 고향 사람, 산천(山川),	중국문화 부분: 왜 우리는 고향을 그리워할까? 고향을 생	중국문화 부분: 고향을 그리워하는 원인은 중국도

---

22 노명완 외, 『협동적 학습을 위한 45가지』, 박이정, 2001, 132쪽.

달, 엄마, 춘절(春节), 부모, 그믐날에 얼마나 멀리 있어도 꼭 고향에 있는 부모님 찾아보는 것, 옛날에 朝廷(조정)에서 관하던 사람들이 정치에서 밀려나면 꼭 고향에 내려간다. 한국문화 부분: 추석 때 고향에 내려간다, 고향 사람을 챙긴다, 지연을 중시한다. 身土不二(신토불이),며느리 들이 명절에 열심히 일하는 모습이 떠오른다.	각하면 쓸쓸한 느낌이 나는데 왜서 그럴까? 교통이 발달한 오늘 날 사람들이 고향을 그리는 마음이 과연 강할까? 한국문화 부분: 대학졸업 후 고향에 돌아가는 사람이 얼마나 되는지? 서울과 다른 지방의 발전 수준이 크게 차이 나는데 돌아가는 원인은 무엇인지?', '지역마다 성격 차이가 크게 나는지?', '한국도 고향이 어디냐고 묻는 습관이 있는지?', '한국 사람들은 고향을 얼마나 중요하게 생각할까?'	집단주의, 공동체문화, 혈연중심 문화가 강하기 때문이다. 역사적 배경으로 인해(현대에 와서 중국의 현대화, 한국의 산업화로 인해) 농촌 사회의 붕괴, 고향 상실 등 결과를 가져왔다. 한국문화 부분: 중국과 한국의 장기간 지속되어 온 농경 사회. 한국도 고향을 묻는 문화가 있다. 공동체 의식, 혈연의식, 집단 의식이 강하다. 지역 감정을 중요시 한다.

시 <고향> 수업 전 연구자는 학습자들에게 '고향'이라는 단어를 통하여 떠올릴 수 있는 모든 것을 자유롭게 표현하도록 하였다. 이어서 고향에 관련하여 한국이나 중국 문화 부분에 대해 알고 싶은 모든 것을 적도록 하였다. 이때 학습자들의 머릿속에는 이미 '고향'과 관련된 많은 문화적 배경지식들이 활성화되었다. 다음에 제시되는 면담 자료는 'K-W-L' 브레인스토밍을 통한 배경지식 활성화의 교육적 효과를 보여준다.

처음에는 주제가 좀 커다는 느낌이 들어서 뭐 말할지 고민했어요. 선생님이 생각나는 것 자유롭게 표현하라고 해서서 말할수록 생각이 많아졌어요. 그래서 문화 이해가 쉬웠고 재미났어요. 저는 이 수업을 통하여 제가 제고된 부분을 알고 목표가 뚜렷해서 좋아요.

ㅡ학습자7

이 학습자의 반응에서 알 수 있는 점은 학습자들은 자신이 이미 알고 있는 것과 관련된 문화를 배울 때 더 많은 흥미를 느낀다는 것이다. 또한 이 방법은 문화의 배경지식 활성화와 문화 해석의 능동성을 유발함과 동시에 자신이 배우게 될 문화 텍스트에 관해 예측하기 위한 구조를 갖게 되어 새로운 문화 지식을 의미 있게 조직하는 방법을 알게 된다는 것에서 의의가 있다.

2) 토론을 통한 관점의 다양성 확보

토마린과 스템프스키(Tomalin & Stempleski)는 문화 학습에 대해 과제 지향적 접근방법을 강하게 옹호하면서 이 과제 접근법의 특징은 협력적 학습 과제라고 하였다. 구체적인 협력 학습의 내용을 보면 다음과 같다.[23]

① 학생들이 정확한 정보를 모으기 위해 짝별로 혹은 소집단별로 함께 활동 하는 과제
② 학생들이 좀 더 완벽한 상황을 형성하기 위하여 그들이 발견한 것을 공유 하고 토론하는 과제
③ 학생들이 목표 문화의 상황 내에서 그리고 그들 자신의 문화와 비교하면 서 그 정보를 해석하는 과제

협력 학습은 구성주의 '비계 설정' 이론에 기반을 두고 있다. 구성주의는 지식을 얼마나 많이 습득하는가보다 지식을 어떻게 구성하고, 왜 그렇게 구성하는지에 대한 탐구이며 그 중 사회 구성주의는 지식의 발달은 사회적 상호작용을 통해 구성해나간다고 본다. 상호문화학습에서 토론의 효과인 관

---

23   Barry Tomalin 외, 앞의 책, 15쪽.

점의 다양성 확보는 비고츠키의 근접발달영역(Zone of Proximal Development)에서 살펴볼 수 있다. 근접발달영역은 독립적으로 문제를 해결할 수 있는 실제 발달 수준과 성인의 도움이나 더 능력 있는 동료의 협동하에 문제를 해결하는 잠재적 발달 수준 간의 거리이다. 비고츠키는 학습의 중요한 특징은 학습이 근접발달영역을 창조한다는 점에 있다고 보았다. 즉 학습은 아이가 그의 주변 사람들과 상호작용하고 동료들과 협동할 때에만 작동할 수 있는 다양한 내적 발달 과정을 불러일으킨다. 일반적으로 학습자 자신보다 더 나은 사람이 비계로 설정되는데, 도나토(Donato)의 연구 결과에서는 같은 수준의 제2언어나 외국어 능력을 가진 학습자들도 서로 서로에게 도움을 제공할 수 있다는 것을 보여준다.[24] 그의 연구 결과는 학습자들 자체가 문화 교육의 좋은 자료가 될 수 있음을 보여준다. 특히 상호문화 수업에서 학습자가 가지고 있는 배경지식의 개인차에 따라 비계가 설정될 수도 있지만, 문화는 매우 개인적이고 추상적인 지식이라는 점을 고려할 때 토론은 문화 관점의 다양성을 확보하는 데 도움이 된다.

실제 문화 간 의사소통의 현장은 다양한 사람과 다른 문화와의 만남을 통해 관점이 부딪히는 곳이다. 협동 학습에서 학습자들은 동료 학습자들과의 상호작용을 통해 서로 다른 관점의 갈등 속에서 자신의 관점을 규명해 봄으로써 자신이 가진 지식의 틀에서 벗어나 구성원들이 상호 인정하는 지식을 구성하게 되며 타자가 문화를 이해하는 관점이나 태도를 엿볼 수 있고 다양한 관점들을 접함으로써 자신이 보유한 지식과 구성한 태도의 타당성과 적합성을 검증해 볼 수 있다.

이때 교사는 토론 주제를 선택하여 제시해주는 것이 좋으며 학습자의 해석

---

24 Marysia Johnson 저, 김희숙 외 역, 『외국어 습득 원리의 이해 – 비고츠키의 사회문화론과 언어습득』, 한국문화사, 2011, 158-159쪽.

에 개입하지 않지만 질문을 통하여 해석적 지평을 조절해주어야 하고 문화에 대해 막연하게 의미부여하는 것은 예방하기 위하여 피드백을 제공해주어야 한다. 문화의 토론 주제는 학습자들이 다양한 해석이 존재할 수 있는 문화적 상황을 토론주제로 설정해주는 것이 좋다. 문학작품을 예로 든 토론 주제 설정을 보면 다음과 같다.

▶ 텍스트의 문화적 빈자리가 존재할 경우: 문학텍스트는 언어의 다의성, 모호성, 추상성, 수사 및 은유의 활용으로 독자들에게 수많은 빈자리와 상상의 공간을 남겨 주게 된다. 학습자들은 이런 빈자리를 잘 발견하고, 사유의 공간을 열어 상상력과 창조성을 발휘하여 문화적 빈자리를 찾고 채워 가야 한다. 특히 문화의 심층부분은 학습자의 주체적 해석을 필요로 하기 때문에 토론을 통하여 탐구할 수 있다. 예를 들면 시 <고향>에서 학습자들은 '왜 의원은 '나'와 '아무개'가 부자인 사이를 처음부터 알고 있는 것 같다', '의원이 아버지와 막역지간 사이라는 걸 알았는데 왜 서로 말이 없는가?' 등 문화적 빈자리 부분에 대해 학습자들은 의문점을 제기하였다. 교사는 학습자들로 하여금 다양한 관점을 적고 타당한 근거를 찾아 토론을 진행하고 어느 관점의 가능성이 더 큰가를 평가할 수 있다.

▶ 타문화에 대한 상이한 배경지식이 존재할 경우: 중국인 고급 학습자들은 이미 한국사회나 한국사람을 접촉하고 교류하면서 직접적 문화 경험을 형성하였고 한국문화수업, 영화나 드라마 등을 통하여 간접적 문화 경험도 많이 가지고 있다. 또한 성인학습자로 상당한 지적능력을 가지고 있어서 타문화에 대해 자신의 관점을 보유하고 있다. 학습자 개개인의 흥미, 가치관, 인생사가 다름에 의해 타문화에 대한 다양한 배경지식과 관점을 가지고 있어서 타문화를 해석하는데 도움이 된다. 예를 들면 시 <농무>에서 '신명'문화에 대해 해석할 때 한국문화의 어려운 부분임에도 불구하고 학습자들은 다양한 문학

경험, 문화경험을 활용하여 서로의 의미를 공유하면서 능동적인 해석을 이루어냈다.

► 자국문화에 대해 다양한 의견이 존재할 경우: 상호문화적 접근에서 문화 간 상호작용을 통하여 학습자들은 타문화에 대한 이해뿐만 아니라 자문화에 대해 재발견하는 경우가 있다. 하지만 자문화에 대해 익숙하지 않아 정확한 견해를 내세우지 못하고 있다. 또한 중국은 지역마다, 민족마다 각기 다른 문화를 가지고 있기 때문에 학습자들이 가지고 있는 자국문화의 배경지식도 상이하다. 예를 들면 시 <농무> 수업에서 학습자들은 중국의 장례식 문화에 대해 서로 다른 관점을 가지고 있는데 이때 토론 활동을 통하여 팀별로 중국 여러 지역의 장례식 문화 자료를 찾고 서로 공유하고 탐구하는 것이 효과적이다. 다음은 <농무>를 대상으로 '신명문화'에 대해 토론을 하는 경우이다.

(교사와 학습자가 함께 시 <농무>의 줄거리에 대해 기본적인 이해를 가진 후 교사의 예상대로 마지막 '신명이 난다'는 문화부분에 대해 학습자들은 의문을 품다가 자신의 경험적 지식을 끌어오면서 다양한 해석을 하려는 모습을 보였다. 효율적인 토론을 진행하기 위하여 교사는 학습자들로 하여금 자신의 생각을 먼저 간단히 적어라고 하였고 한국어로 표현하기 힘든 부분은 중국어로 사용하게끔 하였다. 집단1의 학습자 4명은 토론을 통해서 자기주장과 견해를 표출하고자 하였다.)

S1: 나는 이 춤이 기뻐서 추는 것이 아니라 슬픔을 표현해. 비록 기쁘지 않지만 신이 난다는 거라고 말하는거지. 우리도 그런 상황이 있잖아. 슬픈데 진짜 방법이 없을 때 헛웃음이 나와. **(개인 관점 표출①)**
S4: 맞아. 이런 거 이해할 수 있어. 반어적인 거. 한국의 슬픔 하면 아리랑 기억나. 나는 그래. **(의견의 수용. 비슷한 관점 표출②)**
S2: 슬퍼? 난 그냥 가사가 슬퍼. **(의견충돌③)**
S4: 슬프잖아~ 그리고 가요를 들으면 난 슬퍼. 한국에 그런 것 많은 거 같아. 가야금도 그래.
S2: 그런 판소리도. **(의견 수용/재발견④)**
S: 아~ (끄덕) 슬프지. **(의견 수용⑤)**

S1: 이것 우리 민족 정서 한이라고 배웠잖아. 이 시기 도시화 운동에 농촌이 상실하고 농민들의 슬픔, 좌절, 분통을 표현한 것 같아. 한민족은 노래를 잘하고 춤을 추는 걸 좋아하는 민족이기 때문에 춤으로 자신의 감정을 표현해. 이런 슬픔 감정도. 한의 감정도 자주 그런 방식으로 표현해. **(또다른 해석⑥)–CT**[25]

S3: 내가 보기에는 이 작품에 나오는 떠들썩하는 농무, 그리고 별 관심이 없는 구경군 두 가지를 대조하는 것 같아. 이런 대조에서 작가가 말하고자 하는 것은 도시문화가 신속하게 발전하면서 사람들은 우리 전통문화의 기원 농경문화를 소홀하고 무시해지고 있어. 풍속 같은 거 잊지 말라고. 그래서 슬픈데 농민들은 신명이 난다고 해. 이 농무가 문화의 하나가 되었어. **(또 다른 해석⑦)**
(침묵, 웃음)

S2: 난 딱 그 말이 생각나. 노신의 제일 유명한 그 말. <침묵 속에 폭발하지 않는다면 침묵 속에서 멸망한다.> **(또 다른 해석⑧)–CT**

S3: 비슷한 정서인 것 같아. **(의견 수용⑨)**

위의 토론 내용을 살펴보면, 학습자들은 농무와 신명문화에 대한 논의를 전개하고 있었는데 교사가 특별히 질문하거나 유도하지 않아도 고급 학습자들은 토론 내용을 소화할 수 있었다. 학습자들은 신명문화에 대해 다양한 관점들을 많이 보였는데 대부분의 학습자들은 <신명이 난다>의 뜻을 진짜 신이 나는 것이라고 이해하지 않았다.

구체적으로 담화①②③④⑤를 보면 학습자들은 신명 속에 담긴 슬픔을 파악하고 농무와 비슷한 예술 형태인 노래(아리랑), 악기(가야금), 판소리 등에서 슬픔 감정을 느낀다는 관점을 보였다. 이에 발화⑥에서 이것을 한의 정서와 연결시켜 더 심층 있는 해석을 하는 모습을 보였고 발화⑧을 보면 중국과 비교하여 비슷한 정서를 찾으려는 모습이다. 학습자들은 다양한 의견 속에서 스스로 공감할 수 있는 관점을 찾아내고 자신의 문화적 지평을 확대하면서

---

25 CT는 중국어를 번역한 부분이다.

타문화의 심층부분에 능동적으로 접근하여 다양한 관점의 확보와 이해의 심화에 도달할 수 있다. 하지만 발화⑦에서와 같이 신명을 통해 슬픔을 표현하는 원인이 농무라는 전통의 상실의 슬픔에서 온 것이라는 다소 잘못된 해석을 하는 경우가 있다. 문화 해석에서 관점의 다양성을 확보하는 동시에 타당한 해석을 기반에 두어야 하며, 이를 위해 토론이 끝난 후에는 교사가 오류를 점검하고 피드백을 제시하여야 한다. 토론을 통한 교육적 효과는 다음 면담을 통해서 확인할 수 있다.

> 친구들과 함께 한국문화를 탐구하는 이 수업이 흥미로웠어요. 우리는 서로서로 생각을 나누면서 많은 것을 배웠어요. 한국문화 사고능력이 향상되고 문화에 다양한 측면이 있다는 것을 알게 되었어요.
>
> ─학습자4

토론을 통하여 타문화에 대해 다양한 관점을 확보하고 타문화에 대한 긍정적인 태도를 형성할 수 있다. 더불어 문화 간 인지 단계에 머물러 더 깊은 해석을 하지 못하는 학생들이 다른 학습자들의 도움으로 문화 이해와 수용단계에 도달할 수 있다. 따라서 소집단 토론뿐만 아니라 학습자 중심의 집단 토론이 수업 과정에서 지속적으로 이루어져야 하며, 수업 상황에 맞게 찬반으로 집단을 나누어 자료를 찾게 한 후, 이를 바탕으로 토론학습을 진행할 수 있다.

3) 역할놀이를 통한 시각의 전환

상호문화교육 방안으로 학습자가 과정에 적극적으로 참여하도록 촉진하는 놀이 활용을 제안할 수 있다. 그 중에서 역할놀이 활동은 '민족중심주의

탈피하기'나 역지사지의 경험을 하는 데 도움이 된다. 역할놀이 수업은 극화 과정과 토의 과정을 통해 주어진 문제 상황에 대하여 감정이입을 경험하고 문제 해결에 대한 집단적인 모색을 꾀하도록 구성된 수업 방법이다.[26] 역할놀이는 자기중심적 사고에서 벗어나게 한다. 역할놀이는 역할극을 하는 과정에서 다른 사람의 역할을 해보고 토의 과정에서 다른 사람과 그 현상에 대한 대책을 논의하면서 사회적 경험을 하게 한다. 이러한 경험은 학습자로 하여금 하나의 사회현상에 대하여 자기주장만 하는 편협한 사고를 벗어나게 하며 상대방의 감정이나 관점에 대하여 다시 한 번 더 생각하게 하고 포용할 수 있는 기회를 제공하므로 궁극적으로는 자기중심성에서 벗어나게 해준다.

또한 상상력을 바탕으로 한 역할놀이는 문학작품 속 인물이나 발화자와 자신을 동일시하는 경험을 통해 학습자가 기존에 가지고 있던 편협한 시각을 전환하는 데 기여한다. 역할 담지(role-taking)를 통해 자기중심적 및 자기문화 중심적 시각으로부터 거리두기를 할 수 있다. 역할 바꾸기를 통하여 타자에 대해 감정이입하고 타자의 입장에서 생각하는 방법을 배울 수 있다. 학습자는 자신이 경험해 보지 못했던 문제 상황을 타인의 역할로 간접 경험해 보면서 문제 상황 안에서 문제를 해결하기 위해 노력하고 이를 통하여 타자를 이해하는 능력을 습득할 수 있다.

역할놀이의 핵심은 역할극으로 구성될 문제 상황을 잘 만드는 것이다. 3장 양상에서 나타난 문제점을 중심으로 역할놀이에서 다음과 같은 네 가지

26　역할놀이가 실제 생활에서 일어날 수 있는 상황 속에 학생들을 처하게 함으로써 이 상황을 적절하게 대처할 수 있는 상호간의 대화기술이나 대화의 원리를 학습할 수 있는 방법을 제공한다. 이외에도 역할놀이에서는 다양한 갈등상황을 재현한 것으로 주관적인 경험을 통한 성찰과 객관적인 토의를 통한 사회적 논의의 과정을 거침으로써 스스로 문제를 바라보고 이에 대한 해결방안을 사고할 수 있도록 함으로써 자발적인 문제해결력을 높여준다. 또한 역할놀이는 공동체 내에서 개인의 집단의식을 향상시키는 수업이 되고 언어능력과 가치관 배양에 도움이 된다. 구정화 외, 『다문화교육 이해』, 동문사, 2009, 338-339쪽.

상황으로 문제를 설정할 수 있다고 볼 수 있다.[27] 다음은 역할놀이에서 다룰 문제 상황들을[28] 구체적인 예를 들어 살펴보면 다음과 같다.

▶ 역할놀이에서 다룰 문제 상황

- 개인이 가진 문화적 갈등이다. 이러한 갈등은 개인 내부에 서로 다른 두 가지 가치가 충돌하는 문제 상황이나, 자신의 관심이 다른 사람의 관심과 달라서 일어나는 것들이 해당된다. 상호문화적 상황을 놓고 볼 때 타문화나 자문화에 대한 자기 자신의 감정을 탐색하거나 자신의 가치 및 가치 갈등의 명료화와 평가를 위한 것이다. 또한 다른 사람과 달리 이해하지 못한 부분에 대한 문제를 해결하는 것이다. 예를 들면 시 <고향>에서 어떤 학습자들은 의원과 '나'의 말없이도 서로 따뜻한 감정을 느낄 수 있는 비언어적 의사소통에 공감하지 못하고 있는데 이 학습자는 역할놀이를 통하여 문화적 행동에 대한 이해를 심화할 수 있다.

- 개인 간의 문화적 갈등을 드러내는 사회현상이다. 사소하게 한 개인과 한 개인이 갈등을 일으키는 문제를 재현하거나 반대로 경험하게 하는 과정을 통해 상호 간의 경험을 공유하게 하는 것이 가능하기 때문이다. 이는 학습자들이 타문화 속에 갈등을 보이는 서로 다른 인물의 입장에 서서 자신이 가지고 있었던 시각을 전환할 수 있다. 예를 들면 <빈처>에서 학습자들은 각각 여자의 입장과 남자의 입장에서 서서 가사일, 사회생활, 술문화 등 문제를

---

27 윤기옥 외, 『수업모형의 이론과 실제』, 학문출판, 2002, 269-270쪽.

28 역할놀이 수업에서 유의할 점은 다음과 같다. 첫째, 역할놀이에서 다루어지는 내용이 '지금 여기(here and now)'의 전형적인 상황이어야 한다. 둘째, 역할놀이는 학생의 감정을 스스로 인지하고 표출하도록 해야 한다. 셋째, 수업에서 교사의 역할을 최소화 되어야 하며 학습자 간의 원활한 상호작용이 활발히 일어나도록 구성하여야 한다. 넷째, 역할놀이를 통하여 학습자들의 내면에 있는 의식이 분출되어야 하며 이 과정에서 자신의 신념체계를 되돌아보고 수정하고 통제할 수 있는 기제를 개발하도록 하여야 한다.

경험할 수 있다.

- 집단 간의 관계를 다루는 사회현상이다. 이와 관련해서는 문화 간의 고정관념이나 권위주의에 근거하는 개인 및 집단 간의 문제 등을 역할놀이로 구성할 수 있으며 이를 통해서 고정관념과 선입견을 벗기고 서로 다르다는 것을 받아들이도록 하는 데 활용할 수 있다. 이는 문화 간 차이점과 다양성을 인정하는 활동이다. 예컨대 기존 문화교육에서 과도한 <한>의 정서에 대한 강조로 인해 학습자들은 한국의 정서에 대해 '슬프다', '우울하다' 등 단편적인 인식을 지니고 있기 때문에 역할 놀이에서 한국의 '놀이문화', '흥' 등을 실연하면서 한국의 '신명'문화를 체험할 수 있다.

- 역사적 또는 현대적 문제 상황이다. 과거 또는 현재는 사람들이 살아가면서 만들어내는 다양한 사회현상의 일상적 기록이다. 이 점에서 역사적이거나 현대적 문제 상황은 끊임없는 갈등과 결정을 요구하는 현상이 되기에 이러한 문제 상황을 역할극을 통해 재현하고 해결책을 찾는 것은 역할놀이 수업의 중요한 대상이 된다. 한국의 권위주의적 문제에 대하여 지금과 과거를 비교하여 활동해 볼 수 있다. 예를 들면 지금 현대적 한국 사회 문제로 <우리들의 일그러진 영웅>에서처럼 학교에서 존재하는 왕따 문제, 혹은 <빈처>에서 아내의 현모양처 역할과 달리 현재 한국 사회에서 존재하는 커리어우먼, 맞벌이부부 등에 대한 역할 담지를 통하여 한국 사회를 간접적으로 경험하면서 한국사회현상의 문제점을 파악할 수 있다.

▶ 역할놀이 교수-학습 절차

샤프텔(Shaftel, 1967)은 역할놀이의 활동 단계로 (1) 학급의 관심을 집중시키기, (2) 참여자를 선정하기, (3) 사전 준비하기, (4) 관찰자를 준비시키기, (5) 실연하기, (6) 토론과 평가하기, (7) 재실연하기, (8) 재토의하고 평가하기, (9) 경험한 것에 대하여 서로 의견 교환하고 일반화하기의 9단계를 제안하였다.[29]

단계	교수-학습 방법
1. 집단의 관심을 집중시키기	이 단계는 역할놀이 수업에서 다루어질 문제나 갈등 상황에 대하여 학생 전체의 관심을 집중시키는 단계로 수업의 도입을 위한 과정이다. 이 단계에서 가장 중요한 것은 학습해야 할 구체적인 문화적 문제 상황을 학생 전체가 명료하게 이해하도록 안내하는 것이다.
2. 참여자를 선정하기	갈등상황이 제시되었다면 이를 극화로 재현할 학습자를 구해야 한다. 먼저 지금까지 살펴본 문제 상황이나 갈등 상황에서 등장하는 인물들을 찾아내고 그 인물들에 대하여 배역을 분석해야 한다. 또한 등장인물을 연기할 배역을 정하는 가장 좋은 방법은 학생들 스스로 지원하도록 하여 결정하는 것이 좋으며, 필요한 경우 교사가 배역을 조정할 수 있다.
3. 사전준비하기	여기서는 역할극 활동을 위하여 기본적인 상황을 조정하는 단계이다. 극화활동의 상황이 어디인지, 어떻게 진행될 것인지, 등장인물의 등장 순서 등 아주 기본적인 진행과정을 논의할 것이다. 그리고 배역을 맡은 사람과 장소를 구분할 수 있도록 해주어야 하며 교실에 있는 소품을 이용할 수 있다.
4. 관찰자의 준비	극화활동이 이루어지는 과정에서 극화활동에 참가하지 않는 학생들은 관찰자로서 준비를 해야 한다. 관찰자는 극화활동을 단순히 구경하는 것이 아니라 그 활동을 깊이 있게 관찰하여 배역들의 활동을 정서적으로나 인지적으로 깊이 이해하고 인물의 감정과 사고방식에 대하여 명료하게 판단하는 활동을 해야 한다. 이를 위하여 교사는 몇 가지 안내를 통하여 관찰하는 학생들에게 관찰과정에 유의 깊게 살펴보아야 한다고 강조해야 한다. 첫째, 학생들이 연기하려고 했던 것은 무엇이었는지 제대로 인식하게 한다. 둘째, 문제를 해결하기 위하여 도움이 된 것과 못한 것은 무엇인지. 셋째, 역할극에서 다루어지지 않았지만 다른 방식으로 표현될 수 있었던 대안적인 것은 무엇인지. 넷째, 극화놀이 중 자신이 해보고 싶은 인물은 누구이며 어떤 행동은 달리 할 수 있을 지이다.

---

29 F. R. Shaftel & G. Shaftel (1967), *Role playing for social values: Decision making in the social studies*, Englewood Cliffs, N.J.: Prentice Hall, Inc. 윤기옥 외, 위의 책, 277-283 쪽 재인용.

5. 실연하기	이제 역할활동이 처음으로 직접 이루어지는 단계이다. 학생들은 연기를 잘 하려는 것에 초점을 두어서는 안 되며 여기서 초점을 두어야 할 것은, 1단계에서 제시된 문제 상황이나 갈등 상황에 정지된 갈등에 대한 각 배역의 아이디어가 어떻게 표출될 것인가에 초점을 두어 연기가 이루어져야 한다. 수업 전체 중에 실연이 차지하는 비율은 매우 짧아야 하는데 첫 번째 실연의 목적은 사건과 역할을 확실히 하여, 후에 이루어질 재연에서 탐색하고, 분석하고, 수정할 수 있도록 하는 것이다.
6. 토의 및 평가	이 단계는 앞의 실연에서 행해진 실연자의 활동에 대하여 평가하고 어떤 방향으로 어떻게 진행되어야 했는지에 대하여 의견을 나누면서 의견을 조정하는 토론의 과정이다. 또한 실연 상황에서 이루어졌던 각 배역의 행동 결과와 그런 행동을 하게 된 동기에 대하여 감정 이입을 통해 이해하고 그것을 토의를 통해 평가하는 것이다.
7. 재실연하기	이 단계는 앞서 이루어진 토의와 평가를 통해 얻어진 대안을 이용하여 새로운 연기자(학습자 자원)를 구성하여 새로운 방식의 극화 활동을 다시 진행하는 것이다. 재실연에서는 이미 제시된 문제상황과 노출된 갈등에 대하여 새로운 원인과 결과를 발견하는 것에 초점을 두어야 한다. 이에 따라 실연자는 이전과 다른 방식의 사고와 행동을 표현해야 한다.
8. 재토의 및 평가	이 과정은 두 번째 실연에 행해진 것이 바람직한 것이기는 하지만 실제 가능한지에 대하여 질문하고 이를 토의하는 과정을 통해 지금까지 제시된 그 해결책을 생활 속에서 적용할 수 있는지, 또는 어떻게 구체적으로 적용할지에 대하여 생각해보도록 하는 것이다.
9. 경험 교환 및 일반화하기	마지막 단계인 9단계에서는 지금까지 다룬 수업과 관련하여 학생들이 경험한 내용을 함께 나누고 일반화하는 단계이다. 이 시기에는 수업에서 다룬 대책과 결정에 대하여 학생들이 자신의 일상에서 행할 수 있도록 정리하는 과정이다. 이를 위해서 학생들에게 오늘 다룬 상황과 비슷한 경험이 있는지, 앞으로 어떻게 할지, 역할놀이에서 다룬 의사결정 방법에 대하여도 앞으로 문제 상황에서 활용할 수 있음을 알려주는 것도 중요하다.

▶ <빈처>를 활용한 역할놀이 실제 수업 모형

학습목표	학습자들은 <빈처> 속의 여자의 입장과 남자의 입장에 각각 서서 한국의 남녀성역할 문제와 술 문화를 경험할 수 있고 내부자 관점을 통하여 기존 가지고 있던 제한된 시각을 전환할 수 있다.	
단계	흐름	교수-학습 활동
단계1 집단의 관심을 집중시키기	• 문제를 분명히 하기 • 문제 이야기 해석 및 문제 탐색 • 역할놀이 설명	<빈처> 수업에서 학습자들은 외부자적 관점에서 작품 속에서 한국의 남성중심문화와 술 문화에 대해 이해하지 못하고 무조건 좋지 않다는 비판적 시각을 가지고 있다는 문제점을 발견할 수 있다. 교사는 이런 남성중심문화와 술문화를 초점화시켜 학생들이 이 문제를 다룰 필요가 있다고 인지시키고 역할놀이에 대해 간략히 설명해준다.
단계2 참여자 선정	• 역할 분석 • 역할 놀이자 선정	교사는 학습자와 함께 남편과 아내의 인물에 대해 분석한다. 또한 교사는 학습자들의 해석 관점을 면밀히 분석하여 남자의 관점에 선 학생을 여자의 입장에 서서, 여자의 관점에 선 학생을 남자의 입장에 서서 역할을 맡게끔 한다.(모든 상황설정은 한국 내부자적 관점이다) 예를 들면, 학습자X: 저는 남편의 역할인데, 낮에 열심히 출근하고 저녁에 늦게까지 사회생활을 하기 위해서 술을 마셔요. 회사에서 눈치도 보고 월급도 얼마 안되지만 가족을 먹여 살리기 위해서 열심히 일해요. 학습자Y: 저는 아내의 역할인데, 매일 집안의 살림을 꾸려가고, 아이 둘을 돌본다. 꿈이 있었지만 결혼 후 가정주부가 되었다. 남편은 한 주일에 몇 번도 못 보는 경우가 있다.
단계3 사전 준비하기	• 행동의 계열 결정 • 역할들을 재진술 • 문제 상황의 내면 파악	교사는 어떻게 진행될 것인지, 등장인물의 등장 순서를 정하고 배역을 맡은 학생들이 구분할 수 있도록 다시 설명해주고 무대를 마련한다.

		<역할극 대본>
		(상황) 남편은 회사에서 상사의 눈치를 보면서 열심히 일한다. 아내는 집에서 가사일을 하고 두 아이를 돌본다. 저녁이 돼서 남편은 회사 동료들과 술자리를 갖고 저녁 늦게야 집에 돌아온다. 아내는 가사일을 끝마치고 아이를 재우고 남편이 들어오길 기다린다. 남편이 취해 들어온다. 아내: (화난 표정으로) 그렇게 매일같이 마셔야만 해요? 남편: (무뚝뚝한 어투로) 그래, 매일 마셔야 해.
		남편: (무뚝뚝한 어투로) 그래, 매일 마셔야해. 아내: 술 안 마시고는 사회생활이 안 돼요? 남편: 그래. 술 안 마시고는 사회생활이 안 돼. 간암 환자 빼고 그런 놈 있으면 나와 보라고 그래. (이하 생략)
단계4 관찰자의 준비	• 살펴볼 것 결정 • 관찰 과제 할당	관찰자들도 내부자의 입장에 서서 남편의 역할을 자세히 관찰하여 보고 행동을 분석하게끔 한다. 그리고 어떤 역할이 어떤 문제를 가지고 있는지 살펴보도록 한다. 교사가 과제를 할당해주거나 학습자 스스로 자기가 맡을 과제를 정할 수 있다.
단계5 실연하기	• 역할놀이를 시작하기	교사: 그러면 지금부터 역할놀이를 시작하겠습니다.
단계6 토론과 평가하기	• 역할놀이에서의 행동을 검토하기 (사건, 입장, 현실성) • 중요한 점에 초점을 맞추고 토론하기 • 다음의 실연을 준비하기	교사는 실연이 끝나고 남녀 성역할 문제와 술문화에 대해 토론해보게 한다. 학습자들은 한국사회에서 남자가 술을 마시는 원인과 성역할문제에 대해서도 어느 정도 이해한다고 답한다. 그리고 비판적으로 술을 적게 마시고 일찍 집에 들어와서 아내를 도와 가사일을 하고 아이를 보살펴야 한다고 답한다. 또

		한 아내는 남편이 돈 버는 것이 힘들다는 것을 이해하고 남편이 들어오면 잔소리나 무관심보다는 따뜻하게 대해줘야 하고 아내는 자신의 사회생활을 가져야 하며 남편과 아내는 소통이 필요하다고 본다.
단계7 재실연하기	• 수정된 역할 놀이 • 다음 단계 또는 행동 대안 제시	학습자들이 토론하고 제시한 내용에 따라 남편과 아내의 역할에서 다시 실연하게끔 한다.
단계8 재토의 및 평가	• 역할놀이 활동 검토 • 요점 검토	위에서 재실연한 아내와 남편의 행동이 가능한지, 어떻게 해야 가능한지에 대해 토론한다.
단계9 경험내용을 교환 및 일반화하기	• 문제 상황을 실제 경험 및 현재 문제와 관련짓기 • 행동의 일반적 원칙 탐색	남녀성역할 불평등 문제와 술문화 등 문제에 대해 실제 생활과 결합하여 토론한다. 학습자들에게 일어나면 어떻게 해야 할 것인지 물어본다.

역할놀이가 끝나고 나서 교사는 실연자와 관찰자들의 반응을 관찰하였다.

저는 남자의 역할을 맡았고 이 역할에 몰입이 되었어요. 연기를 하는 동안 새로운 경험이어서 좋았어요. 저는 예전에 한국 사람들이 술을 좋아하고 아무 이유 없이 술만 좋아한다고 생각하면서 전혀 이해하지 못하였어요. 만약 저 남자친구가 그러면 꼭 헤어진다는 상상도 했어요. 하지만 이 역할놀이를 하면서 제가 한국사회에서 한 남자라고 생각하고 늦게 힘들게 일하고 스트레스를 술로 해소하고 술로 사람 간의 관계를 유지도 하면서 어느 정도 이해하게 되었어요. 나라마다 문화가 다르게 나타날 수 있는 그 사회의 특수 상황이 있는 것 같아요.

－실연자2

남자의 역할을 맡은 이 실연자는 역할놀이를 통하여 기존에 이해할 수 없었던 한국의 술 문화를 새로 바라보게 되고 특히 한 나라의 특수적 사회 상황이 그 문화의 특수성을 만들기 때문에 타문화의 관점에서 문화 간 차이를 받아들여야 한다는 시각의 전환을 가져왔다. 문화 간 소통에서 학습자들은 자신과는 다른 세계관을 가져야 하며, 다른 시각으로 타문화를 바라볼 수 있어야 한다. 역할놀이를 통하여 학습자들은 자신의 문화를 한국문화와 비교하면서 외부자적 관점으로부터 내부자적 관점까지 의식적으로 오고 갈 수 있는 교육효과를 기대할 수 있다.

> 너무 재미나고 느낀 점이 많은 수업이었어요. 마치 한편의 영화를 보는듯한 느낌이요. 남자와 아내 모두 이해가 되요. 중국도 이것처럼 심하지 않지만 술과 남녀평등 이런 사회적 문제는 항상 화제의 중심이에요. 아내의 입장에서 보면 남편은 잘못이 많아요. 술을 줄이고 아내의 가사일을 도와줘야 해요.
>
> ―관찰자3

역할놀이를 하고 나서 학습자들의 반응은 매우 좋았다. 이 과정에서 관찰자를 포함한 모든 학습자들은 목표문화의 외부자로서 타문화를 내부자의 견해인 내부자적 관점을 갖게 된 시기이다. 역할놀이를 통하여 실연자는 몸과 마음으로 타자의 시각에서 타문화를 체험할 수 있고 관찰자를 포함한 모든 학습자들은 자신의 문화를 한국 문화와 비교하면서 외부자적 관점으로부터 내부자적 관점까지 의식적으로 오고 갈 수 있는 교육효과를 기대할 수 있다.

4) 상호관련 텍스트를 통한 문화경험의 확장

모든 문화는 맥락 속에서 해석될 수 있고 보편성을 가진다는 관점으로

봤을 때 상호관련 문화 텍스트는 문화 요소의 관련성을 전제하고 있다. 상호관련 텍스트를 환기시킴으로써 텍스트 속 문화의 공통점을 발견하고 의미의 관계망을 형성해 나갈 수 있다는 데서 교실에서 학습자의 문화 경험은 확장될 수 있다. 문화 경험의 확장은 Ⅲ장에서 보여준 종적 상대성 이해와 횡적 상대성 이해로 나아가는 것을 말하는데, 즉 보편성에 접근하는 것과 동시에 과거와 현대 문화사이의 관계를 파악할 수 있다.

하트만과 엘리슨(Hartman & Allison, 1996)은 텍스트가 다루고 있는 화제의 대상을 중심으로 상호 관련성이 있는 텍스트를 구성하는 방식을 다섯 가지로 구분하였다.[30] 이 책에서는 문화 보편성의 이해와 과거와 현대 문화 사이 이해의 문화경험 확장을 목적으로 대화관계 텍스트와 논쟁관계 텍스트를 활용하고자 한다. 대화관계 텍스트 구성 방식(dialogic text arrangement)은 동일한 담화의 대상에 대해서 서로 다양한 관점에서 논하고 있는 텍스트를 말하며 논쟁관계 텍스트 구성방식은(conflicting text arrangement)은 주제의 대상에 관해서 필자의 관점과 대립되거나 논쟁적인 성격을 가진 텍스트를 보충 텍스트로 제시하는 방법을 말한다.

---

30 나머지 텍스트를 보면 첫째, 보완관계 텍스트 구성방식(complementary text arrangement)은 텍스트의 주제의 대상에 관한 정보를 보충하게 하는 방식을 말한다. 둘째 통제관계 텍스트 구성 방식(controlling text arrangement)은 법전이나 경전 같은 권위를 가진 텍스트를 기준으로 다른 텍스트의 내용을 해석할 수 있도록 관련 텍스트들을 구성하는 것을 말한다. 셋째 변형관계 텍스트 구성 방식(synoptic text arrangement)은 예를 들면 한국의 동화를 텍스트로 활용했을 때 시대별로 변형된 이본이나 비슷한 이야기의 한국 동화를 보충 텍스트로 제시하여 텍스트의 변형된 부분을 통해 학습자들이 문화적인 요인이나 필자의 관점 측면에서 다양하게 이해할 수 있도록 하는 방식이다. 김도남, 『상호텍스트성과 텍스트 이해 교육』, 박이정, 2002, 296쪽.

[Hartman&Allison의 상호텍스트 구성방식]

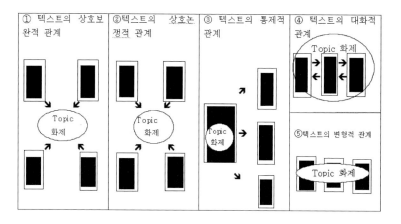

[Hartman&Allison의 상호텍스트 구성방식]

(1) 대화 관계 텍스트를 활용한 문화의 보편성 이해

이때 대화 관계 텍스트는 한국 텍스트가 아닌 중국 텍스트가 더 효과적이다. 이는 한국 문화 - 중국 문화 - 보편문화 맥락 형성 접근법이기도 하다. 한국문화교육에서 한국 문화와 학습자 자문화간의 연관을 유도하는 방법으로 널리 통용되는 접근법 중 하나가 비교문화 접근이다. 문화 간 비교는 타문화를 외부자적 시각에서 이해하는 것이며 차이를 강조하여 문화 간 단절을 초래할 수 있으므로 보편적으로 접근하여 문화 간 상대성을 이해하는 것이 효과적이다.

[문화 맥락 형성 접근법]

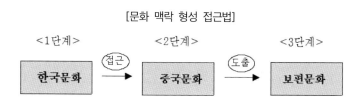

1단계에서 2단계에 접근할 때 한국 문화 내용과 연관을 갖는 중국 문화 내용을 중국인 학습자들이 직접 구성할 수 있게 해야 하며 이때 교사는 질문을 통하여 학습자들의 스키마를 활성화할 수 있다. 2단계에서 3단계 접근은 학습자들이 한국 문화와 중국 문화에서 공통적으로 나타나는 보편문화 현상에 대해 확인하는 것을 염두에 두어야 한다. 또한 마지막으로 한국적 특수 현상에 대한 이해를 높일 수 있도록 다른 대화 텍스트를 제시할 수 있다. 예를 들면 <우리들의 일그러진 영웅> 중 권위주의 문화에 대해 배우면서 학습자들은 중국과 관련 지어 중국의 권위주위를 묘사한 문학작품을 떠올리는 모습을 보였다. 구체적인 활동을 제시하면 다음과 같다.

> <활동 절차 제시>
> － <우리들의 일그러진 영웅> 속 권위주의 문화에 대해 이해한다.
> － 교사의 질문을 통하여 권위주의와 관련된 중국의 텍스트를 환기시킨다.
> 　(<아큐정전>)
> － 중국 텍스트 속 관련된 권위주의 문화를 파악하고 한국문화와 비교한다.
> － 보편문화로서의 권위주의를 이해하고 문화 간 주체로서 한국문화에 참여하고 한국문화의 특수성을 탐구한다.

(2) 논쟁관계 텍스트를 활용한 과거와 현대 문화의 이해

　이 책에서 계속 강조한 바와 같이 문화는 역동적인 특성으로 시대마다 각기 다른 특징으로 나타난다. 한 문화권의 가치체계가 상대적으로 고정적이며 불변함에도 불구하고 사회의 발전과 함께 과거와 현대의 문화는 갈등 및 대립히는 지점이 존재하기 마련이다. 이러한 문화의 맥락을 잘 이해하기 위해 대립되거나 논쟁적인 성격을 가진 텍스트를 보충 텍스트로 제시하는 것이 필요하다. 특히 논쟁관계 텍스트는 지금의 사회현상을 잘 보여줄 수 있어야 하기 때문에 신문, 뉴스, 영화, 드라마 등을 활용하는 것이 큰 도움이 된다. 신문, 뉴스, 영화, 드라마 등 텍스트는 유용한 대화 관계 텍스트로 활용할 수 있다. 신문이나 뉴스는 실제자료로서 문화 현상을 객관적으로 서술하여 신뢰성이 높고 그 시대의 이슈로 되는 현상을 잘 반영하기 때문에 이용하는 것도 효과적이다. 영화나 드라마는 당시의 사회 현상이나 역사적 사건을 가장 두드러질 말한 사회 문화적 내용을 담고 있고 대부분 학습자들이 흥미롭게 학습할 수 있는 자료이다. 또한 한국의 대중문화를 현장감 있게 접할수 있고 잘 드러나지 않는 가치체계를 영상이라는 매개를 통하여 확인하고 간접 체험할 수 있다는 데서 의의를 찾을 수 있다.

예를 들면 1990년대를 배경으로 한 소설 <빈처>의 상호문화수업에서 많은 학습자들은 아직도 한국 사회에 남녀 성역할 불평등 사상이 심한가에 대해 궁금해한다. 이때 현대의 개선된 모습과 지금 한국 사회에서 대두되고 있는 사회적 문화를 보여주는 것은 효과적인 상호관련 텍스트로 작용할 수 있다. 이에 연구자는 드라마 <넝쿨째 굴러온 당신>[31]을 논쟁 관계 텍스트로 선정하여 학습자들에게 변화되고 있는 문화와 지금 한국 사회의 사회문제들을 인식시키고자 하였다.

<넝쿨째 굴러온 당신>에서 여주인공은 고아를 이상형으로 꼽아온 커리어우먼이며 내조가 아닌 외조를 받으며 살아가고자 하는 여성상을 대표한다. 남편과의 관계 설정에 있어서도 가부장적인 틀에 맞춰 살고 있는 부부가

---

31 <넝쿨째 굴러온 당신>는 2012.2~2012.9에 방송된 총 58회 드라마로 최고 시청률 49.6%를 기록한 인기드라마이다. 이 드라마는 극 중 제작사 PD로 일과 가정을 당차게 꾸려 나가는 커리어우먼 차윤희를 통하여 한국 사회가 일하는 여성에게 가지는 부정적인 편견을 극복하고 일과 가정의 균형을 위해 노력하는 모습을 생생하게 그렸다. 또한 현명하게 대처하는 새로운 남편상을 반영하고 고부간의 갈등을 다루면서 최근 사회적 문제에 대두하는 여성의 일과 가정의 균형, 입양, 저출산, 임신과 육아에 있어서의 사회적인 배려 등을 소재로 했다는 점에서 좋은 문화 텍스트로 활용할 수 있다.

아닌 개방적이고 신세대적인 부부관계를 보여준다. 이때 교사는 상호관련 텍스트의 선정에 신중을 기해야 한다. 선정된 텍스트는 현시대의 문화를 정확하게 반영함과 동시에 변화되거나 변화되지 않는 문화의 양면을 모두 다룰 수 있어야 학습자들이 이로 인해 오해하지 않기 때문이다.[32]

[1회: 커리어우먼과 새로운 남편상]

[7회: 남편은 외조의 왕]

[14회: 고부관계]

<빈처>에서 여자는 가족을 위해 자신을 헌신하면서 살아간다. 그 여자의 마음속에는 자신은 없고 오직 남편과 자신뿐이다. 하지만 드라마에서 여자는 자신이 하고 싶은 공부를 하기 유학을 하고 싶어 하자 남편은 아내를 지지한다.

---

32 이에 이 책에서는 과거와 현대사이의 문화의 공통점과 차이점을 모두 학습자에게 인지시켜 주기 위하여 변화하여 가는 남녀성역할 문제와 여전히 존재하는 고부, 시댁문제를 중심으로 선정하였다.(1회-20분, 7회-10분, 14회-20분) 또한 짧은 수업 시간에 분량이 많은 드라마의 일부분을 선정하여 학습자에게 제시해야 하기 때문에 교사의 사전준비가 중요하다.

여자는 더는 여자가 남자의 뜻을 복종하는 역할을 하지 않는다. 옛날과 다르게 드라마의 며느리는 시집살이를 거부한다. 집에서 남편이 밥을 하고 있는 장면이 보인다. 원인 시대가 다르므로 한국의 성역할이 조금씩 변해가고 있는 것 같다. **시대가 발전하므로 여성의 지위가 높아지면서 여자는 일과 가정을 겸비하다. 여성의 교육 받은 정도가 높아지므로 여성들이 사회에서의 역할이 점점 커가고 있으므로** 오직 집안 살림에 올인하기에는 너무 아깝다.

—1회, 7회, 학습자6

　여자들이 결혼을 하면 아직도 시집살이를 하는 것 같아요. 제가 알기로는 옛날에도 한국 여성들은 결혼을 하면 완전 시집살이를 하는 것 같아요. 아직도 남성중심의 전통적인 영향을 많이 받은 것 같다. 오늘날에도 이런 남성중심의 모습이 현실 생활에서 반영하고 있어요. **여성의 지위가 높아지면서 이런 현상이 옛날처럼 엄중하지 않지만 아직 보편적으로 존재하고 있어요.**

—14회, 학습자7

　학습자6의 반응을 보면 지금 변화하고 있는 남녀성역할을 이해하면서 그 원인을 시대의 발전과 여성의 교육 받은 정도가 높음으로 보면서 과거와 현대사이의 문화를 비교적 잘 이해하고 있다. 학습자7도 여성의 지위가 높아져서 이런 현상이 예전처럼 심하지 않지만 아직도 보편적으로 존재하고 있다는 정확한 이해를 하였다. 이때 교사의 상호관련 텍스트 제시가 매우 중요한 역할을 하는데 제시 될 텍스트는 현시대의 문화를 정확하게 반영할 수 있어야 하며 동시에 변화되거나 변화되지 않는 문화의 양면을 모두 다룰 수 있어야 한다. 하지만 비록 이러한 상호관련 텍스트 자료는 교사가 준비하여 제시해주는 경우가 대부분이지만 학습자 스스로 문화의 맥락을 탐구하는 능동적인 문화 경험의 과정으로 설정되어야 한다. 이에 교사는 질문을 통하여 먼저 텍스트가 다른 텍스트와 갖는 상호텍스트성을 인식하게 할 수 있다.

[상호텍스트를 조장하는 질문의 모형][33]
- 이 텍스트를 읽을 때, 어떤 글이 생각나는가?
- 지금 읽고 있는 텍스트를 읽으면서 왜 다른 텍스트의 내용을 생각하게 되는가?
- 이 글의 내용이 당신이 알고 있는 텍스트의 내용과 어떤 점에서 같은가?
- 이 글의 주인공은 당신이 읽은 다른 텍스트의 주인공과 어떤 점에서 같은가?
- 이 글의 결론을 어떤 글이 지지해 주고 있는가?
- 이글의 내용에서 어떤 이야기를 만들 수 있을까?
- 당신의 문화나 배경이 이 글의 주장을 지지하는가, 반대하는가?

<활동 제시>

▶ 질문을 통한 문제점과 보충 텍스트 환기하기
- 이 소설을 읽고 어떤 생각이 떠오르는가?
- 왜 현재는 꼭 다를 것이라고 생각하는가?
- 그럼 현재의 모습은 어떨 것이라고 생각하는가?

▶ 과거와 현재의 문화 비교하기
- 작품에 보여 준 지금의 문화와 과거 문화 간의 공통점과 차이점은 무엇인가?
- 그 원인은 무엇인가?

▶ 자국문화와 상호작용
- 중국 현재의 ○○○ 문화 현상은 무엇인가?

---

33 정우향, 앞의 책, 244쪽 참조.

‒ 한국문화와 비교하여 자신의 생각을 표현하라.

5) 구술을 통한 문화 간 수용

구술[34]은 이야기를 만들어내고 그것을 이야기할 수 있는 능력을 말하며 상호문화교육에서는 구술 활동[35]을 통한 정체성 확인과 타문화 수용을 목적으로 한다. 주체의 인식과 대화적 특성[36]은 구술의 가장 중요한 두 가지 측면이다. 이런 특성은 학습자들의 정체성 형성과 타문화에 대해 공감하고 비판적으로 바라볼 수 있는 태도를 형성하는 데 도움을 준다.

먼저 주체의 인식 측면에서 구술은 개인으로 하여금 자기가 그 안에서 자기 자리를 찾을 수 있는 세계를 상상하도록 도와주며 개인적 삶의 구성에도 매우 중요한 역할을 한다.[37] 구술은 자신의 직접적 경험과 연관시켜 타문화에 관한 이야기를 구성해 볼 수 있는 기회를 제공되는데 구술자는 자기 자신이 이야기 속의 타자의 입장이 되어 생각하고 이야기함으로써 타자와 하나가 된다. 또한 구술은 대화체적 성격을 띠고 있는데 이는 늘 청자의 존재를 전제하기 때문에 대화의 형태로 해석될 수 있다. 또한 청자는 구술자

---

[34] 구술성은 인간이 세계와 맺는 관계의 차원과, 음성이라는 수단을 통해 전달·실현되는 구체적인 표현의 차원 모두와 관련된다. 인간 활동의 시각에서 구술성에 대해 접근할 때, 구술성은 담화를 분석하는 이론의 차원이 아닌, 인간과 언어, 의미의 생산과 소통의 문제를 해명하는 하나의 키워드이다. 최홍원, 「사고와 연행의 시각에서 바라본 구술성의 교육적 구도」, 『고전문학과 교육』 21집, 한국고전문학교육학회, 2011, 5-6쪽.

[35] 마달레나 드 카를로는 구술을 상호문화 수업활동으로 제안하였다. Maddalena De Carlo, 앞의 책, 120-122쪽.

[36] 자기를 이야기한다는 사실 자체가 이미 타자 지향적인 언술 행위이고, 이러한 자기표현은 나아가 타자의 인식을 통과해야만 신뢰적인 자기 인식으로 다듬어질 수 있다. 이형빈, 「고백적 글쓰기의 표현 방식 연구‒해방공간의 소설을 중심으로」, 서울대학교 석사학위논문, 1999, 76쪽.

[37] Maddalena De Carlo, 앞의 책, 115-116쪽.

의 이야기를 통해 하나가 되기 때문에 청자의 입장에 서서 타자를 이해하고 수용하는 태도가 형성될 수 있다는 것을 의미한다. 이러한 구술 행위가 이루어지는 이야기판은 그 경험과 해석을 공유하는 장이 되며 문화 간 대화를 강조하는 차원으로 나아가 문화 간 수용의 장으로 마련해야 한다. 문화 수용의 장으로 성찰 일지 쓰기 활동도 함께 실행할 수 있다. 성찰은 학습자가 스스로 교실에서의 문화적 체험에 대해서 돌이켜보고 문제점을 파악하고 심리적 변화를 인지하며 학습 결과에 대한 평가를 말한다. 성찰 일지 쓰기를 통해 문화적 체험에 대한 이해도를 높일 수 있을뿐더러 터득한 올바른 문화적 가치관을 내면화하는 데도 도움이 된다. 구술이나 성찰 일지 쓰기 등 표현 활동은 교사가 학습자의 학습에 대해 평가할 수 있는 중요한 '도구'이다. 교사는 학습자가 타문화와의 만남으로부터 수용까지 이루어지는 단계에서 목표 문화에 대한 태도 변화를 확인할 수 있다.

시 <고향>[38]을 배우고 나서 학습자들은 문화 간 공통점에 주목하여 상호이해에 도달하는 모습을 보였지만 수용 측면에서 학습자들의 경험과 감정을 최대한 유발하여 내면화하지 못하는 아쉬움이 남아 있었다. 검증 실험에서 교사는 학습자들로 하여금 자신의 경험을 통한 구술 활동을 실행하였는데 자문화 정체성 확인과 함께 타문화 감정이입의 태도를 형성할 수 있는 교육적 효과를 가져왔다. 다음은 <고향>을 배우고 나서 학습자들의 구술 활동 내용이다.

지난 추석날이 떠오른다. 내가 처음으로 한국에서 보낸 추석이다. 그날 나는

---

38 시 <고향>은 다음과 같은 측면에서 구술활동자료로 활용할 수 있다는 것을 알 수 있다. 첫째, 실제 수업에서 학습자들은 '이 시는 작가의 경험담을 말하는 것 같다.'는 느낌을 받았다고 하였다. 둘째, 시 속에 나타나는 고향, 지명들은 백석 시인의 실제 고향이다. 셋째, 이 시는 서사성, 서정성이 모두 잘 드러나는 작품이다.

외로웠고 부모님이 보고 싶었고 함께 있어 준 중국친구들이 고마웠다. 사실 뭐 특별할거는 없었다. 대학에 와서 추석은 항상 밖에서 지냈으니깐. 하지만 내가 왜 그토록 마음이 쓸쓸했을까? 아마 나는 그 때 **중국을 집으로 생각했을거다.** 한국의 거리에는 사람이 없었고 한복 입고 가족끼리 다니는 모습을 보면서 **향수의 감정이 생겼다.** 그리고 나는 외로웠지만 또 외롭지 않았다. 왜냐하면 **가족이 함께 하는 한국사람들의 모습을 보면서 따뜻한 감정을 느꼈다. 사랑은 전해진다고 그래도 나는 함께 어울려서 사는 사랑이 넘치는 사회가 좋다.**

―학습자3

위 학습자는 추석에 한국에서 겪은 경험을 서술하면서 자신의 향수적 정서를 확인함과 동시에 자신의 문화적 정체성을 인식하였다. 또한 가족이 함께 하고 사랑이 넘치는 한국 사회 모습에 감정이입 하면서 긍정적인 태도를 보였다. 구술 활동은 자신의 감정을 유발할 수 있어 자신의 문화 정체성을 확인함과 동시에 타자에 대한 감정이입을 통한 공통된 문화의 창출에도 도움이 된다. 이때 교사는 구술 시작 전 학습자에게 자신감을 북돋워주고 자신의 경험을 떠올릴 수 있게끔 유도하는 것이 중요하다. 또한 구술자인 경우 청자를 전제로 하기 때문에 이는 학습자들이 그들의 삶과 세계관에 관련된 주제나 질문에 대해 심사숙고하기 위한 조직화된 기회이기도 하다.

<활동 제시>

1. 자신의 직접적 경험과 연관시켜 중국 문화와 한국 문화에 대한 이야기를 구성해보라.
2. 구성한 이야기를 동료 학습자에게 들려주라. 이때 동료 학습자는 청자의 입장에서 객관적·비판적·공감적으로 고찰해보도록 하라.
3. 구술자와 청자는 토론을 통하여 서로의 의견을 나누고 공유하라.

V. 중국 대학 한국어 학습자를 위한 상호문화교육 실제

본 연구는 중국인 학습자를 대상으로 한국 문학작품을 활용하여 상호문화 이해를 도모하며 궁극적으로 학습자의 상호문화능력을 향상시키는 것을 목적으로 삼고 있다. 언어교육에서 의사소통접근이 도래되면서 중국의 한국어 문화교육에서도 절실하게 필요한 것은 '문화의 실행', '마음과 태도의 변화', '문화 간 상황에서 정체성에 관한 성찰적 태도' 등이다.

기존 한국어 문화교육에서 주로 이루어지는 '상호성'을 배제한 단일 문화 교육 방식은 학습자로 하여금 문화에 대한 편협한 시각을 갖도록 하여, 자문화에 대해 열등감 또는 자만감에 빠지게 하거나, 타문화의 객관적 장점을 무시할 우려가 있다. 이는 실제 상호문화적 만남 상황에서 학습자들이 문화적 편견과 고정관념으로 인해 의사소통 장애 요인으로 작용할 수 있다.

이에 본 연구에서 그 대안적 방법으로 상호문화적 접근을 제기한다. 상호문화성은 상이한 문화들이 존재한다는 것을 인정함과 동시에 이들 문화 간의 상호작용에 주목하는 개념이며, 이를 통해 문화 간 공유될 수 있는 지점을 창출하는 데까지 이른다는 것이다. 문화 간 상호작용과 상호주관성을 강조하는 상호문화교육은 자문화와 타문화 사이의 능동적인 대화를 거쳐 문화 간 다양성을 존중할 수 있는 상호 이해에 도달하고 더 나아가서 새로운 문화적 정체성을 형성시키는데 작용을 한다.

이러한 문제의식에서 출발하여 본 연구에서는 먼저 상호문화의 개념과 성격을 명확히 하고 상호문화적 접근의 과정을 인지, 해석, 태도형성 단계로 살펴보았다. 그리고 상호문화교육이 상호문화 소통능력의 향상, 문화적 자기 이해의 실현, 학습자 중심의 탐구적 문화교육으로 그 교육적 가치를 확인하였다.

한편, 이러한 이론적 토대를 바탕으로 중국인 학습자들의 문학작품을 활용한 상호문화교육 양상을 조사·분석하였다. 이는 크게 세 측면으로 나타났다. 먼저 상호문화적 인지에서 자문화를 통한 타문화의 발견, 타문화를 통한 자문화의 재발견으로 나누었다. 자문화를 통한 타문화의 발견에서 학습자들은 자문화 당연시와 타문화 단순지각의 어려움을 겪고 있었다. 또한 타문화를 통한 자문화의 재발견에서는 학습자들이 기존 인식하지 못하는 자문화를 재발견하였다는데서 의미가 있다.

다음으로 상호문화적 해석에서는 주체적 해석을 통한 타문화 재구성, 내부자 시각에 입각한 관점의 전환, 범문화적 접근을 통한 상대성 이해로 나누어 구체적으로 확인해보았다. 학습자들은 능동적이고 주체적으로 타문화를 해석하고, 내부자 시각과 외부자 시각을 오가면서 타문화에 대한 자신의 관점을 검토해보고, 문화의 보편성에 접근하여 차이점을 이해하는 모습을 보였다.

상호문화적 태도형성에 있어서 학습자들은 자문화 중심주의에서 벗어나 상호존중과 비판적 태도를 형성하였으며 자문화에 대한 성찰과 정체성 재정립도 함께 이루어졌다. 특히 여기서는 타문화 감정이입과 상호 비판적 태도 형성이 문화 간 차이의 수용을 넘어 서로 공통된 것을 모색하였음을 보여준다.

이상의 논의를 바탕으로 본 연구는 문학작품을 활용한 상호문화 교육의 목표와 내용, 교육 방법을 설계하였다. 상호문화능력 향상을 상위목표로 설정하고 하위목표를 인지적, 해석적, 태도적 측면으로 나누어 상세화하였다. 또한 교육 내용을 상대성 감각 형성, 문화 간 대화와 보편성 탐구, 문화 다양성 인정과 타문화 감정이입을 설정하였다. 그리고 교육의 목표와 내용을 구현할 수 있는 교육 방법은 자문화와 비교하기, 토론을 통한 관점의 다양성 확보, 역할놀이를 통한 시각의 전환, 상호관련 텍스트를 통한 문화경험의 확장, 구술을 통한 문화 간 수용으로 이루어진다.

상호문화교육은 중국의 대학교 교과목의 '과정사정'(课程思政) 개혁과 요소 융합에 부합된다. 현재 중국에서 실행하고 있는 교과목 '사상정치'(思政) 융합은 각 과목에 사상 정치 이론과 결부하여 '입덕수인'(立德树人)을 근본 목표로 삼는 교육 이념이다.

이러한 중국 교육 개혁의 맥락에서 보면 한국어 교사는 한국어 관련 지식과 능력을 전수해야 할 뿐만 아니라 학생들의 자민족 문화 전통과 가치관에 대한 인식, 나아가 학습자 자신의 인격 수양을 위한 교육도 함께 이루어져야 한다. 외국어 전공 관련 '과정 사정' 교수 목표를 보면 사회주의 핵심 가치관 중심의 교육과 더불어 애국심을 높이고 문화적 소양(文化素养)을 함양하는 것이 포함된다. 문화적 소양은 문화적 소질과 정신적 품격을 포함한다. 자국의 우수한 문화에 대한 이해를 심화하고 보다 개방적이고 포용적인 인문학 소양을 함양한다. 이 책에서 중국의 '과정사정' 융합을 통한 상호문화교육 목표를 다음과 같이 설정한다.

첫째, 그간 존재하는 중국 대학생들의 '문화 실어'(文化失语) 문제를 해결하고 중국 문화에 대한 인식을 높인다.

둘째, 언어 교육과 문화 교육, 문학 교육 및 인성 교육의 유기적 통합을 실현하는 것이다.

셋째, 자국 문화와 목표 문화 간의 관계 속에서 문화를 선진과 낙후, 우위와 하위로 구분 짓는 것이 아닌 문화의 다양성을 알고 타문화 이해와 공감을 도모한다.

중국의 '사상 정치' 교육 이념과 결부한 상호문화교육은 자국 문화에 대한 인식을 넓히고 중국 문화와 한국 문화의 상호 교류, 거울삼기(互鉴)와 융합을 통해 문화에 대한 폭넓은 이해와 창의적 전환, 혁신적 발전을 실현하고 비판적 사고 능력을 키운다. 특히 그동안 한국어 교육에서 대부분 한국 문화 교수에 치중한 것은 사실이다. 하지만 문화 교실은 한국 문화에 대한 지식을 학습하는 장소일 뿐만 아니라 중국 문화와 한국 문화가 만나고 활발히 상호 작용하는 교류의 장소이고 학습자가 자국 문화를 발견하고 자신의 정체성을 정립하는 장소이다.

다음은 중국 대학교 한국어 전공 학습자들을 대상으로 이루어진 실제 문화 수업 내용이다.[1] 총 16주에 걸친 고급 학년을 대상으로 한 <중한 문화 간 의사소통>(中韩跨文化交际) 수업 내용과 교수-학습 설계를 보면 다음과 같다. 이 수업에서는 김해옥의 『외국인을 위한 한국문화 읽기』와 왕휘(王晖)의 『중국문화와 문화 간 의사소통』(中国文化与跨文化交际)을 기본 교재로 삼고 문화 간 의사소통 사례 자료[2] 와 문학 작품 및 영상 매체를 보충 자료로 활용했다.

	수업 내용	소주제
1장	문화 개념에 익숙해지기	• 문화란 무엇인가 • 문화 간 의사소통의 의미 • 문화 간 의사소통 능력이란 무엇인가 • 문화 간 의사소통에 영향주는 요인 • 다양한 문화 유형

---

1   본 수업내용은 연태대학교 고급 학년을 대상으로 한 <중한 문화 간 의사소통>(中韩跨文化交际) 문화 수업이다.

2   서정수 『외국 유학생이 겪는 한국에서의 문화충격』, 계명대학교출판부, 2022.

2장	한국과 중국의 가족주의	• 제사 문화와 가족 공동체 의식 • 탄생·성장·죽음을 통해 본 가족관 • 언어에 나타난 가족주의 • 사회로의 확장과 정(情) 문화
3장	한국과 중국의 집단주의	• 안과 밖을 구분하는 우리주의 • 조직 문화에 나타난 집단 의식 • 혈연·지연·학연으로 뭉치는 연고 의식 • 모임 문화를 통해 본 집단 의식
4장	한국과 중국의 권위주의	• 나이와 서열 의식 • 지위와 서열 의식 • 성별과 서열 의식 • '체면'과 '눈치' 문화
5장	한국과 중국의 동질성 추구와 소통의 문화	• 유행 따르기 • 다른 것은 위험한 것 • '인싸'와 '앗싸' • 소통을 위한 술과 회식 문화
6장	유교문화와 한국과 중국의 역동성	• 장기지향적 가치관 • 빨리빨리 문화 • 미래지향적 교육열 • 전통의 혁신과 현대화
7장	한국과 중국의 흥과 신명 문화	• 노래와 춤을 좋아하는 심바람 문화 • 놀이 문화에 나타난 흥과 열정 • 전통 음악에 드러난 한과 신명 • 대중 문화에 투사된 신명
8장	한국과 중국의 생명 의식	• 자연관과 운명관 • 풍수 문화 • 여가 문화 • 건강관

9장	한국과 중국의 비언어적 의사소통	• 신체 움직임 • 공간 • 신체 접촉 • 침묵
10장	한국과 중국의 식문화	• 음식 문화 • 식사 예절 문화

위의 교육 내용은 보면 포괄적인 측면에서 의사소통과 관련된 다양한 문화적 특성에 대한 이해와 수용을 촉진하기 위해 내적 문화 중심으로 교육 내용을 선정하였다. 갈리송(R.Galison)은 문화를 고급문화와 공유문화라는 두 가지 유형의 문화를 구분했다.[3] 그에 따르면 공유문화는 하나의 공통 언어를 가진 사회집단이 공유하고 전수하는 지식과 행동을 말하며 이는 사회생활을 가능케 한다고 한다. 흔히 전통, 관습, 가치, 신앙, 의례, 표상 등이 여기에 속하며 이는 행하는 문화(culture-action)로 실제로 이루어지는 행동의 문화이다. 이 문화는 참조 집단에 의해 보편적이고 부정할 수 없는 것으로 여겨지는 가치의 전수를 포함하며 이 집단의 문화 특성을 드러내며 타문화와 구별 짓고 집단 정체성의 형성과도 직접 관련된다.

실제로 중국과 한국 문화 간 의사소통 관련 사례에 관한 연구가 미흡하고 대부분 같은 동양 문화권과 유교 문화권에 있는 한국과 중국의 문화가 비슷할 거라는 추측과 고정관념을 지닌 경우도 존재한다. 하지만 실제 의사소통에서 문화 충격을 겪거나 원활한 의사소통이 이루어지지 않는 경우가 많다. 따라서 공통성에 기반한 차이점과 문화의 다양성과 복합성을 확인시켜주는

---

3 Rose-Marie Chaves·Lionel Favier·Soizic Pelissier, 서영지 역(2019), 『알기 쉬운 교실 상호문화교육』, 북코리아, 21쪽 참조.

작업이 필요하며 이는 식별하기 힘든, 밖으로 드러내 보이지 않는 공유문화 지식으로 학습이 일어나는 것이 좋다.

이러한 구성 요소들은 학습자들의 문화 능력을 신장시키는데 도움을 줄 수 있고 학습자는 이 문화 능력을 언어, 목표 문화, 그 문화를 가진 원어민의 복합적인 세계를 이해하는 데 사용할 수 있다.[4] 또한 이런 주제식(theme-based) 교육 내용은 문화 교육의 기본 바탕이 되며 문화 교수 내용과 과정을 보다 체계적으로 구성할 수 있고 다양한 언어 자료와 텍스트를 통해 문화 주제에 대한 탐구를 진행할 수 있다.

주제식 문화 교육 내용을 바탕으로 이 수업에서는 Allen&Lange의 문화 학습 모형을 활용하여 수업 과정을 구상하였다. Allen&Lange(1996)과 Crawford-Lange&Lange(1984)에서 제기한 문화 학습 모형은 전문적으로 외국어 교육을 위헤 설계한 모형으로 실용적 가치를 지니고 있다.[5] Allen& Lange(1996)은 문화 학습 모형을 관찰(observation), 탐색(exploration), 확장(expansion)과 평가(evaluation) 단계로 나눈다.

관찰 단계에서 학습자는 자국 문화와 목표 문화의 문화 현상에 대해 관찰을 진행하고 이러한 문화 현상을 하나의 문화 주제로 귀납시킨 후 기술한다. 탐색 단계에서 학습자는 앞서 관찰하고 서술한 문화 주제가 자국 문화와 목표 문화에서의 나타난 다양한 현상에 대해 비교하며 공통점과 차이점을 찾아낸다. 그리고 이러한 차이점이 생기는 이유에 대한 탐구를 시도하며 관련된 자료 수집을 통해 자신의 판단을 형성한다. 확장 단계에서 학습자들은 앞서 관찰하고 탐색한 결과에 대해 분석하고 일련의 활동을 통해 자신의 관점을 수정한다. 마지막 평가 단계에서는 학습자가 자국 문화와 목표 문화

---

4   위의 책, 21쪽.

5   张红玲, 『跨文化外语教学』, 上海外语教育出版社, 2007, p.206.

관련된 자료와 내용을 종합하고 자신의 최종 관점을 확립하며 자신의 문화 학습과 관점 형성 과정에 대해 성찰한다.

다음은 제2부분 집단주의 문화 주제를 중심으로 위의 문화 학습 모형과 제4장에서 제시한 교수-학습 활동과 결부시켜 구성한 수업 내용이다.

단계	수업 활동
관찰	*활동1: 설문지를 통한 학습자의 고정관념 확인하기[6] 교사는 집단주의 문화 관련 학습자의 배경 지식과 고정관념을 확인하고 수업 과정 속에서 수시로 학습자들의 관점 변화를 체크한다. *활동2: 교사 질문을 통한 비교 활성화 관련 문화 표현과 실제 일상생활에서 일어나는 사례 중심으로 퀴즈, 사진 등을 활용하여 학습자들의 중국 문화의 배경 지식을 활성화시킨다. 그 다음으로 이미 수집한 설문조사 자료와 기존 배웠던 집단주의 문화 관련 지식 중심으로 교사는 학습자들로 하여금 기존 알고 있던 한국 집단주의 문화에 대해 관찰하고 인지하도록 한다. 마지막으로 <집단의 연결점을 찾는 동양인> 주제의 영상 제시와 함께 이번 수업의 주제로 도입한다. *활동3: 브레인스토밍을 통한 주제 탐색 틀 구성 집단주의 주제와 관련하여 K-W-L 문화 도식을 작성한다.
탐색	*활동: 집단주의 문화 주제 발표를 통한 비교·탐구 각 조별로 학습자들은 문화 관련 자료를 수집한 후 발표한다. 발표내용은 한국과 중국의 집단주의적 특성이 일상생활에 어떻게 드러나는지, 집단주의의 유래와 특징은 무엇인지, 중국과 한국의 집단주의 문화가 어떠한 공통점과 차이점이 있는지, 이러한 공통점과 차이점이 나타난 이유 분석도 포함한다. 발표 주제1: 중국과 한국의 '우리'문화 (국가, 사회, 가정 차원; 언어 측면) 발표 주제2: 중국과 한국의 조직 문화 (기업 문화; 군대 문화; 회식 문화 등) 발표 주제3: 중국과 한국의 연고 의식 (학연, 지연, 혈연) 발표 주제4: 중국과 한국의 모임 문화 (동호회, 동문회, 종친회, 향우회 등)
확장	확장 단계에서는 앞 단계에서 얻은 중국문화와 한국문화에 대한 지식을 바탕으로 다양한 활동을 통해 집단주의 문화에 대한 심층적 탐구와 이미 형성된 학습자의 관점을 재확인·재검토하도록 한다.

	*활동1: 토론을 통한 관점의 다양성 형성 토론 주제1: 집단주의의 긍정적인 측면과 부정적인 측면을 중심으로 바람직 한 문화 발전 방향에 대한 토론 토론 주제2: 회식문화가 필요한가 필요하지 않는가 토론 주제3: 연고주의 문화의 긍정적인 측면과 부정적인 측면 *활동2: 상호텍스트를 통한 문화 이해의 심화 본 수업에서는 한국 문학작품「고향」과「우리들의 일그러진 영웅」과 드라 마 <나의 해방일지>를 보충자료로 제공한다. 예컨대「고향」을 통해 연고 의식에 대한 이해를 심화하고「우리들의 일그러진 영웅」을 통해 사회문화 적 배경과 결부시켜 개인과 집단의 권력 문제를 살펴본다. 그리고 드라마 <나의 해방일지>를 활용하여 요즘 시대의 회사 문화와 조직 속의 집단 문화 -'친밥조', '사내 동호회', '개인 해방' 등 측면의 다양한 방면에서 변화하 고 있는 문화 가치에 대해 탐구를 시도한다.
평가	*활동1: K-W-L 문화 도식 완성하기 *활동2: 성찰 일지 쓰기 성찰 일지는 학습자가 집단주의 문화 습득 과정을 기록하고 문화를 인지하 고 해석하고 태도를 형성하는 모든 변화 과정도 함께 적는다. 또한 자국문화 에 대한 성찰도 함께 한다. 예를 들면 중국의 관계(关系) 문화와 관련하여 학습자들은 지나친 관계 중심의 인간 관계는 법치 사회 국가에서 불공평과 부폐 현상을 초래하고 오히려 사람과 사람 사이에 오가는 진정성을 해칠 수 있다며 비판하고 성찰하는 태도를 보인다.

　　이 책에서 강조하는 상호문화교육은 기존의 단일 문화 교육이나 문화 간
차이만 강조하는 다문화교육과 달리 '문화 간 대화', '문화 간 상호작용'이
핵심의 개념으로 작용하고 문화의 다양성 인정뿐만 아니라 문화 간 공통된

6　1교시 수업에 교사는 학생들에게 고정관념 확인 관련 설문지를 작성하도록 했다. 설문지
　　내용은 다음과 같다. ① 중국문화와 한국문화는 어떠한 공통점과 차이점이 있다고 생각합
　　니까? ② 중국문화와 한국문화에 대해 알고 싶은 것이 무엇입니까? ③ 3.1 한국문화에 대한
　　어떠한 고정관념이 있는가? 3.2 이러한 생각들은 어디에서 왔는가? 3.3 이러한 견해는 사실
　　인가? 왜 사실인가?/왜 아닌가?

것을 지향하는 교육이라는 데 의의가 있다. 이에 맞춰 중국의 한국어 문화수업을 문화 간 상호작용과 대화를 강조하는 것으로 구상하고, 이에 대한 본격적인 교육 방법론을 시도해보았다는 데 의의가 있다.

그러나 상호문화 이해의 양상을 문학작품으로 한정하여 연구하였기 때문에 나타난 양상이 문학작품 이해의 양상과 변별하기 어려운 문제점을 가지고 있다. 또한 학습자의 상호문화 이해 과정 중에서 학습자의 개인차가 가져올 수 있는 변수에 대한 논의가 필요하다는 한계를 가지고 있는데 이는 차후 해결해야 할 과제로 남겨둔다.

참고문헌

1. 기본자료

백석, 『백석 시 전집』, 흰당나귀, 2012.
신경림, 『신경림 시전집1』, 창작과 비평사, 2004.
은희경, 『빈처, Poor Man's Wife』, 아시아, 2012.
이문열, 『우리들의 일그러진 영웅』, 아침나라, 2001.
유네스코 상호문화교육 가이드라인
http://unesdoc.unesco.org/images/0014/001478/147878e.pdf
유네스코 문화적 표현의 다양성 보호와 증진 협약
http://unesdoc.unesco.org/images/0014/001429/142919e.pdf

2. 단행본

한국 단행본

강승혜 외, 『한국문화교육론』, 형설출판사, 2010.
고형진, 『백석 시 바로 읽기』, 현대문학, 2006.
구정화 외, 『다문화교육 이해』, 동문사, 2009.
김광억 외, 『문화의 다학문적 접근』, 서울대학교 출판부, 1998.
김도남, 『상호텍스트성과 텍스트 이해 교육』, 박이정, 2002.
김정우, 『시 해석 교육론』, 태학사, 2006.
김정은, 『한국인의 문화 간 의사소통』, 한국문화사, 2011.
김주희, 『문화인류학』, 성신여자대학교출판부, 1991.
김중신, 『소설감상방법론 연구』, 서울대학교 출판부, 1995.
김해옥, 『외국인을 위한 한국문화 읽기』, 한국방송통신대학교 출판부, 2010.

노명완 외, 『협동적 학습을 위한 45가지』, 박이정, 2001.

박성희, 『공감학』, 학지사, 2004.

박영순, 『한국어 교육을 위한 한국문화론』, 한림, 2006.

서울대학교 한국어문학연구소 외 공편, 『한국어 교육의 이론과 실제』, 아카넷, 2012.

서정수, 『외국 유학생이 겪는 한국에서의 문화충격』, 계명대학교출판부, 2022.

송효섭, 『문화기호학』, 민음사, 1997.

엄태동, 『존 듀이의 경험과 교육』, 원미사, 2001.

유수연, 『문화간 의사소통의 이해』, 한국문화사, 2008.

윤기옥 외, 『수업모형의 이론과 실제』, 학문출판, 2002.

윤여탁, 『21세기 한국어 교육의 현황과 과제』, 한국문화사, 2002.

윤여탁, 『외국어로서의 한국문학교육』, 한국문화사, 2007.

정우향, 『바흐친의 대화주의와 외국어 교육』, 박이정, 2011.

조항록, 『21세기 한국어교육학의 현황과 과제』, 한국문화사, 2002.

차봉희 편역, 『독자반응비평』, 고려원, 1993.

한국해석학회 편, 『문화와 해석학』, 철학과 현실사, 2000.

한민·한성열, 『신명의 심리학』, 21세기북스, 2009.

한상복 외, 『문화인류학』, 서울대학교출판문화원, 2011.

허영식, 『지구촌 시대의 시민교육』, 학문사, 2000.

홍민표, 『언어행동문화의 한일비교』, 한국문화사, 2010.

국외 단행본

Abdallah Pretceille. Martine, *L'educaqtion interculturelle*, 장한업 역, 『유럽의 상호문화교육』, 한울, 2009.

Bickmann Claudia 외, *Epistemology and gender: the question of alterity: an intercultural*, 주광순 외 역, 『상호문화 철학의 논리와 실천』, 시와 진실, 2010.

Brecht Bertolt, *Bertolt Brecht Gesammelte Werke*, 김기선 역, 『베르톨트 브레히트의 서사극 이론』, 한마당, 1989.

Brooks N., *The Analysis of Foreign and Familiar Cultures*, in R. C. Lafayette, ed., "The Cultural Revolution. Reports of the Central States Conference on Foreign Language Education", Lincolnwood, IL: National Textbook Company, 1975.

Byram, M., *Teaching and Assessing Intercultural Communicative Competence*,

Multilingual Matters, 1997.

Chen, G. M & Starosta, W. J., *Foundations of Intercultural Communication*, Allyn& Bacon, 1998.

Collie. J & Slater. S, *Literature in the Language Classroom: A Resource Book of Ideas and Activities*, Cambridge University Press, 1987.

Council of Europe Council for Cultural Co-operation, *Gemeinsamer europaeischer Referenzrahmen fuer Sprachen: lernen, lehren, beurteilen*, 김한란 외 역,『언어 학습 교수 평가를 위한 유럽공통참조기준』, 한국문화사, 2007.

Geerts Clifford, *The Interpretation of Cultures*, 문옥표 역,『문화의 해석』, 까치, 1998.

Hall T. E., *The Silent Language*, Greenwood Press, 최효선 역,『침묵의 언어』, 한길사, 2000.

Hofstede G., *Cultures and Organizations: Software of the Mind*, McGraw-Hill Companies, 차재호·나은영 역,『세계의 문화와 조직』, 학지사, 1995.

Kerzil Jennifer & Vinsonneau Geneviève, *L'interculturel: Principes Et Réalités Àiécole*, 장한업 역,『상호문화: 학교의 원칙과 현실』, 교육과학사, 2013.

Kramsch. C., *Context and Culture in Language Teaching*, Oxford University Press, 1993.

Lazar Gillan, *Literature and Language Teaching: A guide for teacher and trainers*, Cambridge: Cambridge UP, 1993.

Maddalena De Carlo, *l'interculturel*, 장한업 역,『상호문화 이해하기』, 한울, 2011.

Johnson Marysia, *A Philosophy of Second Language Acquisition*, Yale University, 문은주·김희숙 역,『외국어습득원리의 이해－비고츠키의 사회문화론과 언어습득』, 한국문화사, 2011.

Moran. P. R, *Teaching Culture: Perspective in Practice*, HEINLE&HEINLE, 정동빈 외 역,『문화교육』, 경문사, 2004.

Rose-Marie Chaver& Lionel Favier& Soizic Pelissier,『알기 쉬운 교실 상호문화교육』, 서영지 역, 북코리아, 2019.

Samovar. L & Porter. R, *Communication Between Cultures*, 5-th Ed., Thomson, 정현숙 외 역,『문화 간 커뮤니케이션』, 커뮤니케이션북스, 2007.

Tomalin B., Stempleski S., *Cultural Awareness*, Oxford University, 임영빈 외 역,『문화의 이해로 가르치는 영어』, 이퍼블릭, 2006.

王海亭, 『中国人性格地图』, 차혜정 역, 『넓은 땅 중국인 성격지도』, 새빛에듀넷, 2010.

王晖, 『中国文化与跨文化交际』, 商务印书馆, 2017.

张红玲, 『跨文化外语教学』, 上海外语教育出版社, 2007.

3. 논문

강현주, 「한국어 교사의 상호문화 능력 함양을 위한 문화 교육 현황과 개선 방안」, 『Journal of Korean Culture』 43집, 한국어문학국제학술포럼, 2018.

권오경, 「한국어교육에서의 한국문화교육의 방향」, 『어문론총』 45호, 한국문학언어학회, 2006.

권오현, 「간문화적 커뮤니케이션으로서의 외국어교육」, 『독어교육』 14집, 한국독어독문학교육학회, 1996.

권오현, 「문화와 외국어 교육: 고등학교 독일어교육을 중심으로」, 『독일교육』 제28집, 한국독어독문학교육학회, 2003a.

권오현, 「의사소통중심 외국어교육에서의 '문화'」, 『국어교육연구』 12집, 서울대 국어교육연구소, 2003b.

권오현, 「상호문화적 문학교육에서 '낯섦 이해' 문제: 세계문학 교육과 관련하여」, 『독어교육』 49집, 한국독어독문학교육학회, 2010.

김광영, 「秧歌와 農樂 비교연구: 그 起源을 중심으로」, 『중국인문과학』 32호, 중국인문학회, 2006.

김수진, 「문학작품을 활용한 한국언어문화 교육 연구－맥락 활성화에 기반한 수업 사례를 중심으로」, 『한국어교육』 20-3, 국제한국어교육, 2009.

김순임, 「이문화간 의사소통 능력의 개념에 대한 고찰」, 『독어교육』 29집, 독일언어문학연구회, 2005.

김옥선, 「한국어교육에서 상호문화학습의 실천」, 『언어와 문화』 3-2, 한국언어문화교육학회, 2007.

김은정, 「상호문화 접근법에 기반 한 문화 교육: 프랑스와 한국의 문화비교 관점에서」, 『프랑스어문교육』 37집, 한국프랑스어문교육학회, 2011.

김정숙, 「한국어 숙달도 배양을 위한 한국 문화 교육 방안」, 『교육한글』 10, 한글학회, 1997.

김정용, 「문학작품을 활용한 상호문화적 외국어 교육」, 『독어교육』 51집, 한국독어독
　　문학교육학회, 2011.

김정우, 「시를 통한 한국 문화 교육의 가능성과 방법」, 『선청어문』 29집, 서울대학교
　　국어교육연구소, 2011.

김정우, 「상호문화적 관점에서 본 한국문화교육의 방향-문학작품 번역과 해석의 경험
　　을 중심으로」, 『한중인문학연구』 68집, 한중인문학회, 2020.

남연, 「한중 현·당대 문학 교육 비교 연구」, 서울대학교 박사학위논문, 2006.

민춘기, 「독어독문학과 상호문화학습」, 『독일문학』 42-4, 한국독어독문학회, 2001.

민춘기, 「상호문화 학습의 이론적 토대」, 『독일언어문학』 21집, 독일언어문학연구회,
　　2003.

민향기, 「한국인의 정체성과 의사소통전략」, 『외국어로서의 독일어』 12집, 한국독일어
　　교육학회, 2003.

민현식, 「(한)국어 문화교육의 개념과 실천」, 『한국언어문화학』 1-1, 국제한국언어문화
　　학회, 2004.

박영순, 「제2언어 교육으로서의 문화 교육」, 『이중언어학』 5, 이중언어학회, 1989.

박인철, 「상호문화성과 윤리-후설 현상학을 중심으로」, 『철학』 103집, 2010.

백봉자, 「문화 교육 자료의 개발 방향」, 『외국어로서의 한국어교육』 31집, 연세대학교
　　한국어학당, 2006.

변지윤, 「문화 간 의사소통능력 활성화를 위한 <흥부전> 교육 연구」, 서울대학교 석사
　　학위논문, 2011.

성기철, 「언어문화의 보편성과 개별성」, 『한국언어문화학』 1-2, 국제한국언어문화학
　　회, 2004.

성기철, 「한국어교육과 문화교육」, 『한국어교육』 12-2, 국제한국어교육회, 2001.

손예희, 「외국인을 위한 한국 현대시 교육 연구: 이미지를 중심으로」, 서울대학교 석사
　　학위논문, 2005.

윤여탁, 「한국어 문화교육의 내용과 방법」, 『언어와 문화』 7-3, 한국언어문화교육학회,
　　2011.

윤영, 「한국어 초급 학습자를 위한 문학 교육 연구」, 『한국어 교육』 23-3, 국제한국어교
　　육학회, 2012.

이 타찌야나, 「러시아권 학습자를 위한 한국어 문화교육 연구-비지니스 맥락의 간문
　　화적 의사소통을 중심으로」, 서울대학교 석사학위논문, 2012.

이노미, 「비교문화의 이론」, 『인문과학』 제36집, 성균관대학교 인문과학연구소, 2005.

이선이, 「문화인식과 문화교육」, 『언어와 문화』 3-1, 한국언어문화학회, 2007.

이선이, 「문학을 활용한 한국문화 교육 방법」, 『한국어교육』 14집, 국제한국어교육학회, 2003.

이정민, 「외국어 교육에서의 문화교육: 상호문화적 의사소통에 요구되는 문화 능력의 교수-학습 문제를 중심으로」, 『프랑스어문교육』 31집, 한국프랑스어문교육학회, 2009.

이화도, 「상호문화성에 근거한 다문화교육의 이해」, 『비교교육연구』 21-5, 한국비교교육학회, 2011.

조동일, 「한국인의 신명, 신바람, 신명풀이」, 『민족문화연구』 30집, 영남대학교 민족문화연구소, 1997.

조상식 외, 「'문화 간 이해교육'의 교육 이론적 개념과 그 실천적 함의」, 『아시아교육연구』 7-2, 서울대학교 교육연구소, 2006.

조수진, 「한국어교육의 간문화 교육 연구-정의적 영역에서의 접근」, 『한국언어문화학』 6-2, 국제한국언어문화학회, 2009.

조항록, 「한국어 고급 과정 학습자를 위한 한국 문화 교육 방안」, 『한국어교육』 9-2, 국제한국어교육학회, 1998.

최정순, 「한국어교육의 현황 및 발전 방향-언어교육에서 문화교육까지 문화 간 의사소통적 접근법을 제안하며」, 『한국고전연구』 27집, 한국고전연구학회, 2013.

허영식, 「간문화 학습의 이론적 기초와 학습 과정」, 『사회과교육』 4호, 한국사회과 교육연구학회, 2000.

황인교, 「한국어 교육과 문화 교육」, 『외국어로서의 한국어교육』 31, 연세대한국어학당, 2006.

황티장, 「베트남인 학습자를 위한 한국어 소설 교육 연구-간문화적 의사소통을 중심으로」, 서울대학교 석사학위논문, 2013.

<부록> 한국어 문화교육에 대한 요구 분석을 위한 설문지

1. 한국 문화 교수-학습의 필요성을 얼마나 느낍니까?

A 매우 필요

B 어느 정도 필요

C 별 상관없음

D 불필요

E 전혀 불필요

2. 한국 문학 작품 학습을 통하여 문화를 배우는 것이 필요하다고 생각합니까?

A 매우 필요

B 어느 정도 필요

C 별 상관없음

D 불필요

E 전혀 불필요

3. 한국 문학작품 학습을 통하여 어떤 면에서 제일 큰 도움이 되었습니까?

A 문법과 어휘

B 읽기와 쓰기

C 한국 문화의 이해

D 문학 기법

E 문학 작품 감상

4. 한국 문화의 어떤 면에 대해 익숙합니까?

    A 일상생활문화(의식주 생활, 여가 생활, 의사소통 체계 등)

    B 한국인의 가치관, 사고방식, 정서

    C 한국의 예술(음악, 미술, 영화, 연극 등)

    D 한국의 정치·사회 문화

    E 한국의 전통문화(세시·풍속, 의례, 놀이 등)

5. 한국 문화의 어떤 면을 더 많이 배우고 싶습니까?

    A 일상생활문화(의식주 생활, 여가 생활, 의사소통 체계 등)

    B 한국인의 가치관, 사고방식, 정서

    C 한국의 예술(음악, 미술, 영화, 연극 등)

    D 한국의 정치·사회 문화

    E 한국의 전통문화(세시·풍속, 의례, 놀이 등)

6. 문학을 통하여 어떤 문화를 배우고 싶습니까?

    A 일상생활문화(의식주 생활, 여가 생활, 의사소통 체계 등)

    B 한국인의 가치관, 사고방식, 정서

    C 한국의 정치·사회 문화

    D 한국의 전통문화(세시·풍속, 의례, 놀이 등)

7. 어떤 문학 장르를 통하여 문화를 배우고 싶습니까?

현대 수필		고전 산문	
현대 소설		고전 시가	
현대시		고전 수필	
현대 희곡		고전 희곡	
비평문			

8. 기존 한국 문화 수업은 어떤 방식으로 진행되었습니까?

    A 교사 중심 문화 지식 전달

    B 학습자 중심 문화 탐구

    C 중-한 문화 비교

    D 토론

    E 영상매체의 활용

    F 기타(   )

9. 한국 문화 수업이 어떤 방향으로 이루어졌으면 좋겠습니까?

    A 교사 중심 문화 지식 전달

    B 학습자 중심 문화 탐구

    C 중-한 문화 비교

    D 토론

    E 영상매체의 활용

    F 기타(   )

10. 한국문화와 중국문화가 비슷한 면이 많다고 생각합니까?

    A 매우 비슷함

    B 어느 정도 비슷함

    C 그냥 그렇다

    D 비슷하지 않음

    E 전혀 비슷하지 않음

11. 중국문화가 한국문화보다 우월하다고 생각합니까?

    A 매우 우월함

    B 어느 정도 우월함

    C 그냥 그렇다

    D 우월하지 않음

    E 전혀 우월하지 않음

12. 한국문화를 적극적으로 받아들일 의향이 있습니까?

    A 매우 많음

    B 어느 정도 있음

    C 별 상관없음

    D 없음

    E 전혀 없음

13. 한국문화 학습의 목적은 무엇이라고 생각합니까?

    A 한국어 능력 향상

    B 한국인과의 원활한 의사소통

    C 한국 문화 지식 넓힘

    D 기타(   )

황나영黃罗瑩

1989년 중국 흑룡강성에서 태어나 중앙민족대학교 조선언어문학학과를 졸업하고 한국 서울대학교에서 석사학위, 중앙민족대학교에서 박사학위를 취득했다. 현재 연태대학교 한국어학과 전임 강사로 재직 중이다.

주요 논문으로 「전환기 한중 문학작품의 전통 인식 비교 연구」, 「서정인 초기 소설에 나타난 '주변부'의 재현방식과 작가인식」, 「몽타주 기법을 통한 현실 드러내기: 황지우와 베이다오」, 「계용묵의 '별을 헨다'에 나타난 공간의 의미」, 「이문구 '관촌수필'에 나타난 유교의 현대적 수용」 등이 있고 역서로 『중화 5천년 문명사』가 있다.

중국어권 한국어 학습자를 위한 상호문화교육 연구

초판 1쇄 인쇄 2024년 1월 15일
초판 1쇄 발행 2024년 1월 29일

지은이 황나영黃罗瑩
펴낸이 이대현
편집 이태곤 권분옥 임애정 강윤경
디자인 안혜진 최선주 이경진 | **마케팅** 박태훈
펴낸곳 도서출판 역락 | **등록** 1999년 4월 19일 제303-2002-000014호
주소 서울시 서초구 동광로46길 6-6 문창빌딩 2층(우06589)
전화 02-3409-2060(편집부), 2058(영업부) | **팩스** 02-3409-2059
전자우편 youkrack@hanmail.net | **홈페이지** www.youkrackbooks.com

ISBN 979-11-6742-672-7 93370

字數: 150,286字